HISTOIRE INTÉRIEURE

DE ROME

JUSQU'A LA BATAILLE D'ACTIUM

TIRÉE DES ROEMISCHE ALTERTHÜMER

DE

L. LANGE

PAR

A. BERTHELOT ET DIDIER

PARIS
ERNEST LEROUX, ÉDITEUR
28, Rue Bonaparte, 28

1886

FASCICULE N° 13

Souscription à l'ouvrage complet, 2 forts volumes : 20 fr

la plupart étaient des lois judiciaires [1], nous ne connaissons que la loi *Julïa de pecuniis repetundis* [2], appelée aussi loi *Julia repetundarum* [3]. Elle comprenait au moins 101 articles [4], et, comme toutes les lois de ce genre, elle ne visait que les sénateurs [5]; elle était dirigée contre le sénat qui avait pris l'habitude de considérer les provinces comme son domaine propre, dont il excluait le peuple. Elle reproduisait plusieurs dispositions des lois Servilia et Cornelia [6], mais elle supprimait bien des licences autorisées par la loi Cornelia majestatis [7] et la loi Cornelia de provinciis [8]. Ainsi elle défendait au gouverneur de quitter sa province, de déclarer la guerre et de la faire sans autorisation [9]; elle renfermait des dispositions qui devaient assurer la protection des peuples libres [10]; elle fixait le chiffre des redevances que la province avait à fournir pour l'entretien du gouverneur et de sa suite [11], et défendait de percevoir le tribut de l'or coronaire pour la fabrication des couronnes devant servir au triomphe, avant que le triomphe ne fût accordé à Rome [12]. On peut supposer que la loi de César visait aussi les abus des missions libres (*legationes liberæ*) déjà limitées par la loi Tullia [13]; en tout cas, rien ne nous autorise à croire que César fit une loi particulière de legationibus liberis. On voit que la loi s'occupait de tous les détails de l'administration [14]; la grande préoccupation de César fut aussi de rendre plus sévères les peines que pouvaient encourir les gouverneurs [15];

1) Dio C., 38, 7.
2) Cic., *Sest.*, 64, 135. *Vat.*, 12, 29. *Rab. Post.*, 5, 12. Schol. Bob., p. 310. 321.
3) Dig., 48, 11.
4) Cic., *Fam.*, 8, 8, 3.
5) Cic., *Rab. Post.*, 5, 11 et seq.
6) Cic., *Rab. Post.*, 4, 9.
7) Cic., *Pis.*, 21, 50.
8) Cf. Cic., *Fam.*, 3, 10, 6.
9) Cic., *Pis.*, 21, 50.
10) Cic., *Pis.*, 16, 37. 37, 90. *Dom.*, 9, 23. *Prov. cons.*, 4, 7. *Cæs.*, *B. Afr.*, 87. Cf. *Senatusc.* de 60 apud. Cic., *Att.*, 1, 19, 9.
11) Cic., *Att.*, 5, 10, 2. 5, 16, 3. 5, 21, 5. *Pis.*, 37, 90.
12) Cic., *Pis.*, 37, 90.
13) Cic., *Att.*, 15, 11, 9. Cf. *Fam.*, 12, 21.
14) Cf. Dig., 48, 11.
15) Cic., *Vat.*, 12, 29. *Rab. post.*, 4, 8. Suet., *Cæs.*, 43. Dig., 1, 9, 2.

Cicéron lui donna son approbation[1]. Il devint plus difficile de falsifier la comptabilité ; les gouverneurs durent envoyer un exemplaire de leurs comptes au trésor, deux autres durent être déposés dans deux villes de la province[2]. Elle rendit aussi plus difficile la fabrication des témoignages que les gouverneurs tiraient de la province : ils durent être recueillis dans l'espace de trois jours, et remis au préteur qui les envoyait à Rome scellés de son sceau[3]. Quant à la procédure César y apporta quelques changements ; il diminua la durée du temps accordé aux orateurs pour l'attaque et la défense[4]. Au reste la loi n'était pas faite uniquement en faveur de l'accusateur ; elle limitait le nombre des auxiliaires que l'accusateur pouvait emmener dans les provinces pour faire son enquête[5].

Depuis la retraite de Bibulus, César était de fait seul consul ; on appelait en plaisantant son consulat le consulat de Jules et de César[6]. Bibulus n'en continuait pas moins à publier ses édits ; il attaqua la vie privée de César et celle de Pompée[7], et réussit à ranimer son parti[8]. Malgré la toute-puissance de César, il ne se laissa pas effacer[9] ; Caton, les deux C. Scribonius Curio, le père et le fils[10], d'autres encore surent exciter la haine contre les tyrans ; aux jeux d'Apollon du 6 juillet, on tourna Pompée en ridicule dans des pièces de théâtre, César fut froidement accueilli, Fufius fut sifflé, on applaudit Curio[11]. Les choses allèrent si loin que les partisans de César se crurent obligés de recourir aux menaces ; ils menacèrent les chevaliers de faire supprimer la loi Roscia, le peuple de rapporter la loi frumentaire[12]. Bibulus devint de plus

[1]) Cic., *Sest.*, 64, 135. *Pis.*, 16, 37.
[2]) Cic., *Pis.*, 25, 61. *Att.*, 6, 7, 2. *Fam.*, 2, 17, 2. 4. 5, 20, 2. 7.
[3]) Cic., *Flacc.*, 9, 21. Schol. Bob., p. 238.
[4]) Cic., *Flacc.*, 33, 82. Cf., Lex. col. Gen. C. 102. Plin., *ep.*, 4, 9, 9.
[5]) Cic., *Flacc.*, 6, 13. Il y a erreur dans Schol. Bob., p. 235.
[6]) Dio C., 38, 8. Suet., *Cæs.*, 20.
[7]) Cic., *Att.*, 2, 19, 5. 2, 20, 4. 6. 2, 21, 4. Suet., *Cæs.*, 9. 49.
[8]) Cic., *Att.*, 2, 19, 2. 2, 20, 4. 2, 21, 5.
[9]) Cic., *Att.*, 2, 8, 1. 2, 20, 3.
[10]) Suet., *Cæs.*, 9. 49. 50. 52. Cic., *Att.*, 2, 8, 1. 2, 12, 2. 2, 18, 1.
[11]) Cic., *Att.*, 2, 18, 1. 2, 19, 2 et seq.
[12]) Cic., *Att.*, 2, 19, 3.

en plus audacieux et assez puissant pour faire reporter au 18 octobre les élections consulaires qui avaient été fixées fin juillet[1]. Ce fut en vain que Pompée réunit une assemblée le 25 juillet pour parler contre les édits de Bibulus[2]; César ne réussit pas mieux auprès d'elle ; il échoua également dans une démarche faite auprès de Bibulus pour le décider à retirer son édit[3]. Vatinius avait pris des dispositions : il voulait chasser Bibulus de sa maison et l'arrêter. César n'osa pas commettre un pareil acte de violence, qui eût soulevé l'opinion contre lui[4]; il accepta la date fixée par Bibulus pour la tenue des comices.

Les partisans de César s'occupaient en même temps d'écarter de la vie politique les principaux sénateurs de l'opposition en leur intentant des procès. On avait déjà poursuivi C. Antonius, le collègue de Cicéron, on s'attaqua aussi à un préteur du même consulat, à L. Valerius Flaccus ; en sortant de la préture Flaccus avait été gouverneur d'Asie[5], et jouissait d'une grande influence dans son parti. D. Lælius l'accusa de concussion[6] en vertu de la loi Julia. Pompée ne fut pas étranger à l'affaire[7] qui fut portée très probablement devant le tribunal de Cn. Lentulus, fils de Clodianus et non devant celui de T. Vettius[8]. Flaccus avait pris une part active à la répression de la conjuration de Catilina; il était impopulaire, et on espérait qu'il serait condamné[9]. Mais il fut défendu par Hortensius[10] et par Cicéron qui prononça en sa faveur son *pro Flacco ;* Flaccus fut acquitté[11] avant les co-

1) Cic., *Att.*, 2, 20, 6. 2, 21, 5.
2) Cic., *Att.*, 2, 21, 3.
3) Cic., *Att.*, 2, 21, 5.
4) Dio C., 38, 6. Cic., *Vat.*, 9, 21. 2, 5. *Fam.*, 1, 9, 7. Schol. Bob. p. 318 et seq.
5) Cic., *Flacc.*, 3, 6. Cæs., *b. c.*, 3, 53.
6) Cic., *Flacc.*, 1, 2. Schol. Bob., p. 228. 230.
7) Cic., *Flacc.*, 6, 14.
8) Le passage de Cic., *Flacc.*, 34, 85 prouve que T. Vettius était préteur, et qu'il fut ensuite gouverneur d'Afrique, mais n'établit pas qu'il présidait le tribunal.
9) Cic., *Flacc.*, 2, 5. 38, 95.
10) Cic., *Flacc.*, 17, 41. 23, 54. *Att.*, 2, 25, 1.
11) Macrob., *Sat.*, 2, 1, 13.

mices[1], malgré les dénonciations de L. Vettius[2]; l'année suivante, il fut lieutenant du consul Piso[3].

Vatinius voulut frapper un grand coup contre les chefs du parti sénatorial, que l'on était convenu d'appeler la *natio optimatum*[4]; on croit que César n'en fut pas prévenu[5]. Il essaya d'entraîner dans un complot fictif contre Pompée L. Vettius, qui avait joué un triste rôle comme faux délateur dans l'affaire de Catilina, et le jeune C. Scribonius Curio, qui s'était remué en 61 en faveur de Clodius[6]; il dénoncerait ensuite Curio, et provoquerait une enquête dans laquelle seraient compromis les chefs du sénat. Vatinius visait surtout Lucullus et Cicéron. Cicéron vivait en dehors de la politique, s'occupant d'administrer ses biens[7]; les maîtres du jour n'avaient pas réussi à le faire entrer dans leur parti; il avait repoussé leur offre de le recevoir dans le vigintivirat après la mort de C. Cosconius[8]; il avait refusé aussi de devenir le lieutenant de César[9]. Curion ne se laissa pas duper; il révéla tout à son père qui avertit Pompée. L'affaire fut portée au sénat, où L. Vettius s'embrouilla si bien dans ses explications que le sénat le fit arrêter. Quelques jours plus tard, César le fit comparaître devant une assemblée : là il contredit ou compléta les explications qu'il avait données auparavant. Comme il avait avoué ses intentions de commettre un meurtre, il fut envoyé devant le tribunal *de vi*, que présidait Crassus Dives comme préteur ou comme juge de ce tribunal. On croyait qu'il serait condamné, mais on espérait aussi qu'il demanderait l'autorisation de faire connaître ses complices. Vatinius prépara donc une *rogatio de indicio Vettii*, pour demander la constitution

1) Cic., *Att.*, 2, 25, 1. Cf., 2, 23, 3. 2, 24. Cic., *Vat.*, 10, 25.
2) Cic., *Flacc.*, 38, 96.
3) Cic., *Pis.*, 23, 54.
4) Cic., *Sest.*, 63, 132.
5) Malgré les témoignages de Cic., *Att.*, 2, 24, 2. et de Suet., *Cæs.*, 20.
6) Cic., *Att.*, 1, 14, 5.
7) Cic., *Att.*, 2, 22, 3. 2, 23, 1. 3. Cf. Cic., *Flacc.*, 39, 98.
8) Cic., *Att.*, 2, 19, 4. Cf. 9, 2 A, 1. *Prov. cons.*, 17, 41. Vell., 2, 45. Quint., 12, 1, 16.
9) Cic., *Att.*, 2, 18, 3. 2, 19, 5. *Fam.*, 14, 3, 1. *Prov. cons.*, 17, 42. Cf. Plut., *Cic.*, 30. Dio C. 38, 15 et seq.

d'un tribunal extraordinaire[1]. Mais le but poursuivi par Vatinius était connu, la ruse était dévoilée ; Vatinius préféra faire disparaître le principal instrument de l'entreprise ; il fit égorger Vettius dans sa prison[2].

Tout cela se passait[3] avant les élections consulaires[4], à peu près en même temps que se plaidait le procès de Flaccus ; Cicéron en fut très inquiet. Pompée essaya de le rassurer en lui promettant que Clodius, candidat au tribunat, ne l'inquiéterait pas[5]. Pompée cependant ne regrettait pas encore son alliance avec César[6], comme Cicéron le croyait ; il était plutôt mécontent de Cicéron[7] à cause des dénonciations de Vettius qui ne reposaient pourtant sur rien. Clodius fut le plus habile ; il ne fit pas connaître la conduite qu'il tiendrait pendant son tribunat ; il ne voulut pas se prononcer entre Cicéron d'une part, César et Pompée de l'autre[8].

Les élections eurent lieu le 18 octobre ; elles furent favorables au parti des triumvirs ; les consuls élus furent A. Gabinius et L. Calpurnius Piso Cæsoninus. Il y eut pourtant d'autres candidats[9], par exemple L. Cornélius Lentulus Niger, qui était flamine de Mars[10]. Un jeune homme, C. Porcius Cato, essaya d'accuser Gabinius de brigue, mais les préteurs ne voulurent pas recevoir l'action ; irrité, Caton convoqua une assemblée, devant laquelle il qualifia Pompée de *dictator privatus*, il faillit être mis en pièces[11]. Parmi les nouveaux préteurs se trouvaient des partisans avérés du sénat : L. Domitius Ahenobarbus, beau-frère de Caton, enrichi par les

1) Cic., *Att.*, 2, 24, 2 et seq. *Vat.*, 10, 24 et seq. *Sest.*, 63. 132.
2) Cic., *Vat.*, 11, 26. Schol. Bob., p. 308. 320. Suet., *Cæs.*, 20. Cf. Dio C. 38, 9. Plut., *Luc.*, 42. App., *b. c.*, 2, 12.
3) Cic., *Flacc.*, 38, 96.
4) Cic., *Vat.*, 10, 25.
5) Cic., *Att.*, 2, 19, 4. 2, 20, 2. 2, 21, 6. 2, 22, 2. 2, 24, 5. *Sest.*, 7, 15. Dio C., 38, 15 et seq.
6) Cic., *Att.*, 2, 22, 6. 2, 23, 2. Cf. *Phil.*, 2, 10, 23.
7) Cic , *de Dom.*, 11, 28.
8) Cic., *Att.*, 2, 12, 1. 2. 2, 22, 1. 2, 23, 3. Cf., Plut., *Cic.*, 30.
9) Cic., *Har. Resp.*, 6, 12. Ascon., p. 29.
10) Cic., *Vat.*, 10, 25.
11) Cic., *ad Q. fr.*, 1, 2, 5, 15. Cf. *Sest.*, 8, 18.

proscriptions de Sylla[1]; P. Nigidius Figulus, C. Memmius Gemellus, connu par ses relations avec les poètes Catulle et Lucrèce; L. Cornélius Lentulus Crus; L. Flavius[2], et T. Ampius Balbus[3]. Parmi les tribuns qui furent élus en octobre[4], mais avant les consuls, nous trouvons des amis de Cicéron[5]; mais le plus dangereux adversaire des triumvirs, M. Juventius Laterensis, n'avait pu être élu; au moment de poser sa candidature en juillet, il avait dû se retirer parce qu'il n'avait pas voulu prêter le serment exigé par la loi Julia de agro campano[6]. Pour Cicéron, l'élection de Clodius[7] fut un signe caractéristique de la disparition prochaine de la république[8]; il espérait cependant triompher de cet adversaire quand il s'attaquerait directement à sa propre personne[9].

1) Dio C., 41, 11.
2) Cic., *ad Q. fr.*, 1, 2, 3, 10. 1, 2, 5, 16.
3) Cf. Cic., *Fam.*, 1, 3, 2.
4) Cic., *Att.*, 2, 23, 3.
5) Cic., *ad Q. fr.*, 1, 2, 5, 16.
6) Cic., *Att.*, 2, 18, 2. *Planc.*, 5, 13. 22, 52. Schol. Boh., p. 263.
7) Dio C., 38, 12. App., *b. c.*, 2, 14. Plut., *Cæs.*, 14. *Cat. min.*, 32. 33
8) Cic., *ad Q. fr.*, 1, 2, 5, 15.
9) Cic., *ad Q. fr.*, 1, 2, 5, 16.

CHAPITRE QUINZIÈME

LES COMMENCEMENTS DE L'ANARCHIE

Le tribun P. Clodius Pulcher avait reçu des triumvirs la mission de ruiner l'aristocratie en attaquant les principes sur lesquels elle reposait et les principaux personnages qui la représentaient [1]. Les consuls Gabinius et Piso [2] devaient le seconder ou le laisser faire; en revanche, comme compensation, on promit de leur faire donner des provinces plus productives que celles que leur avait données le sénat[3]. Aussitôt entré en fonction Clodius proposa quatre lois [4].

La loi *Clodia frumentaria* portait que le blé, acheté à un prix très faible par les citoyens pauvres [5], leur serait donné gratuitement [6]. Une telle loi rendit Clodius très populaire, on le comprend; il donnait du même coup satisfaction à tous ceux qui n'avaient pas encore été pourvus par la commission agraire établie en vertu de la loi Julia agraria ; le parti sénatorial ne put que constater le déplorable résultat de la loi au point de vue de l'administration financière : le trésor devait consacrer le cinquième de ses revenus aux distributions de blé [7].

[1]) Dio C., 38, 12. 14. Cic., *de Dom.*, 9, 22. *Sest.*, 17, 39. *Prov. cons.*, 8, 18. *Pis.*, 32, 79. *Planc.*, 35, 86. Vell., 2, 45. Aur. Vict., *Vir. ill.*, 81.

[2]) Piso avait été accusé par Clodius quelque temps auparavant.

[3]) Cic., *de Dom.*, 21, 55. 25, 66. *Sest.*, 10, 24. 25, 55. *Pis.*, 12, 28. 24, 57. *Planc.*, 35, 86. *p. Red. in Sen.*, 2, 3. 4, 10. 7, 16. 13, 32. *ad Quir.*, 5, 11. *Fam.*, 1, 9, 13.

[4]) Ascon., p. 9. Dio C., 38, 13.

[5]) La loi Cassia Terentia et le sénatus-c. de 62 avaient fait revivre la loi Sempronia.

[6]) Cic., *Sest.*, 25, 55. Ascon., p. 9. Schol. Bob., p. 300. Dio C., 38, 13.

[7]) Cic., *Sest.*, 25, 55.

La loi *Clodia de jure et tempore legum rogandarum*[1] décidait que l'on pourrait proposer des lois au peuple et les faire voter non seulement tous les jours fastes, mais aussi les jours fastes pendant lesquels on ne pouvait pas réunir les comices, *dies fasti non comitiales*; de plus il serait défendu d'empêcher la tenue des comices législatifs en s'appuyant sur l'observation du ciel (défense de *obnuntiare* et de *intercedere*)[2]. Clodius se donnait ainsi une plus grande latitude pour la proposition des autres lois qui rentraient dans son plan législatif. Le sénat se plaignit de ce que l'on supprimait deux lois fondamentales de la constitution aristocratique[3], les lois Ælia et Fufia qui avaient limité les pouvoirs des comices législatifs au profit des comices électoraux[4], et dont les dispositions concernant ces derniers restaient en vigueur[5].

La loi *Clodia de collegiis* rétablissait les associations religieuses (*collegia*) supprimées par le sénatus-consulte de 64, et permettait d'en organiser de nouvelles[6]. Clodius s'en servirait pour discipliner le peuple, et se créer des partisans nombreux pour ses entreprises futures ; il pourrait organiser militairement les pauvres de Rome et les lancer à l'attaque de l'aristocratie.

La loi sur la censure, *lex Clodia de censoria notione*, retirait aux censeurs leurs pouvoirs disciplinaires : ils ne pourraient plus refuser à un ancien magistrat l'entrée du sénat, à moins qu'il n'eût été poursuivi devant leur tribunal et condamné à l'unanimité[7]. En affaiblissant la censure, Clodius portait la main sur une institution qui était considérée à juste titre comme une des bases de l'oligarchie. En perdant le droit d'inspecter les mœurs[8], la censure perdait son caractère principal,

1) Cic., *Sest* , 26, 56.
2) Cic., *Sest.*, 15, 33. *Prov. cons.*, 19, 46. *p. red. in Sen.*, 5, 11. *Vat.*, 7, 18. *Har. resp.*, 27, 58. Ascon., p. 9. Dio C., 38, 13.
3) Cic., *Sest.*, 15, 33. *Prov. cons.*, 19, 46. *p. red. in Sen.*, 5, 11. *Vat.*, 7, 18. *Pis.*, 4, 9. 5, 10. *Har. Resp.*, p. 27, 58.
4) Schol. Bob., p. 319.
5) Cf. Cic., *Att.*, 4, 16, 5. *Phil.*, 2, 32, 81.
6) Cic., *Sest.*, 25, 55. *Pis.*, 4, 9. *Att.*, 3, 15, 4. Ascon., p. 9. Dio C., 38, 13.
7) Ascon., p. 9. Dio C. 38, 13. Schol. Bob., p. 300.
8) Cic., *Sest.*, 25, 55. *Prov. cons.*, 19, 46. *de Dom.*, 51, 131.

elle disparaissait pour ainsi dire [1], ce qui d'ailleurs ne déplaisait pas à bon nombre de sénateurs et de chevaliers; il est même probable que Clodius gagna par cette proposition des partisans au sénat et dans l'ordre des chevaliers [2]. La loi nouvelle devait d'abord servir à Clodius; elle lui permettrait de conserver son siège de sénateur sans pouvoir être inquiété par les censeurs futurs au sujet de ses actes de tribun.

Telles furent les premières propositions de Clodius; elles ne furent pas soumises à l'examen du sénat; Clodius les présenta avant le 1er janvier sous le consulat de César, ce qui explique pourquoi le sénat n'osa faire aucune opposition sérieuse. Un collègue de Clodius, L. Ninnius Quadratus, fit seul mine de vouloir entrer en lutte. Pour le désarmer, Clodius lui promit de ne rien faire contre Cicéron, et Ninnius, conseillé par Cicéron [3], cessa toute opposition [4]. Sans attendre le 1er janvier 58 fixé pour leur réorganisation, les collèges se réunirent pour célébrer les Compitalia sous la présidence de Sex. Clodius; L. Ninnius protesta, mais le consul Piso [5], qui avait les faisceaux [6], ne mit aucun obstacle; Piso montra ce jour-là qu'il ne conserverait pas en face de la démagogie la même attitude que Q. Metellus Celer. Quelques jours après, les quatre lois du tribun furent votées par le peuple; le sénat avait fait preuve de la plus grande impuissance.

Deux de ces lois furent aussitôt mises à exécution, la loi frumentaire et la loi sur les collèges. Pour la loi frumentaire, il fallut rédiger une disposition supplémentaire, une seconde loi *frumentaria* [7], par laquelle un client de Publius, Sex. Clodius, fut chargé de la haute surveillance des approvisionnements de blé, et autorisé à inscrire tous les pauvres sur les listes contenant les noms de ceux qui devaient prendre part aux distributions [8]. Sex. Clodius organisa aussi les col-

1) Cic., *Pis.*, 4, 9. *Har. resp.*, 27, 58.
2) Cf. Dio C., 38, 13.
3) Cf. Cic., *Att.*, 3, 15, 4.
4) Dio C., 38, 4. 1
5) Cic., *Pis.*, 4, 8. Ascon., p. 7. 8.
6) Cf., Cic., *p. red. in Sen.*, 7, 17. *Pis.*, 5, 11.
7) Dio C., 38, 13.
8) Cic., *de Dom.*, 10, 25.

lèges[1]. Il va de soi que Clodius enrôla dans les collèges tous ceux qui avaient part aux distributions de blé, surtout les derniers admis, dont la grande majorité était des esclaves affranchis[2]. Il choisit très habilement les chefs[3], de sorte que les collèges furent tout à la dévotion de P. Clodius.

Les personnages les plus détestés du parti de Clodius dans les rangs du sénat étaient Cicéron et Caton; on craignait Cicéron à cause de son éloquence : il pouvait gêner les plans de la coterie soit au sénat, soit devant les tribunaux où il aimait à plaider. On détestait Caton à cause de la fermeté avec laquelle il affirmait ses principes républicains. Bibulus ne comptait pas, il ne valait pas la peine d'être inquiété; Clodius se contenta de renouveler la défense que Q. Métellus Népos avait faite autrefois à Cicéron; le dernier jour de décembre, quand Bibulus prononça le serment à sa sortie de charge, Clodius lui défendit de parler au peuple[4]. Quant à Cicéron et à Caton, Clodius ne voulut pas les attaquer directement. Vers le mois de février, il proposa deux lois qui paraissaient inoffensives et seraient facilement votées; avec l'une de ces lois, Clodius pourrait accuser Cicéron devant le peuple, avec l'autre il réussirait à éloigner Caton pour longtemps. Il fallait s'assurer le concours des consuls : Clodius proposa en même temps le décret qui réglerait le partage des provinces pour les consuls[5].

La loi Clodia qui visait Cicéron établissait que l'on punirait de l'exil (*aquæ et ignis interdictio*) tout magistrat qui ferait exécuter ou aurait fait exécuter[6] un citoyen romain sans jugement : c'était une reproduction, mais plus explicite, de la loi Sempronia; comme cette dernière, elle voulait surtout empêcher les condamnation à mort en vertu du pouvoir dictatorial (*senatus consultum ultimum*). Du moment où la loi[7], très

[1]) Cic., *Sest.*, 25, 55. 15, 34. *p. red. in Sen.*, 13, 33. *Pis.*, 5, 11. *de Dom.*, 21, 54.
[2]) Cf. Dio C., 39, 24. Plut., *Cic.*, 30.
[3]) Ascon., p. 8. Cic., *Cæl.*, 32, 78.
[4]) Dio C., 38, 12.
[5]) Cic., *Sest.*, 10, 25. Cf., *p. red. in Sen.*, 2, 4.
[6]) Dio C., 38, 14. Vell., 2, 45.
[7]) Cic., *Att.*, 3, 15, 3.

populaire d'ailleurs, devait avoir un effet rétroactif; elle visait surtout Cicéron; Cicéron avait fait exécuter les partisans de Catilina sans jugement en vertu des pouvoirs extraordinaires que lui avait confiés le sénat[1].

La loi dirigée contre Caton portait que l'île de Cypre formerait une province, et que les propriétés du roi Ptolémée seraient confisquées au profit de l'État[2]. Ptolémée était roi de Cypre[3], et son pouvoir était aussi légitime que celui de son frère en Egypte, et aurait dû être reconnu par Rome. Mais on avait besoin d'argent pour appliquer la loi Julia agraria et la loi Clodia frumentaria[4]; pour justifier la spolation, on commença par rappeler le testament de Ptolémée Alexandre, et on mit en avant que Ptolémée de Cypre s'était rendu coupable en protégeant les pirates[5].

La loi *Clodia de provinciis* modifiait la répartition des provinces faite par le sénat en vertu de la loi Sempronia; elle donnait aux consuls les provinces de Cilicie et de Macédoine. Gabinius ne fut pas satisfait; il y eut alors une seconde loi (*de permutatione provinciarum*), qui autorisa Gabinius à échanger la Cilicie pour la Syrie[6]. La même loi leur reconnut en outre — ce qui était contraire à la loi Julia de pecuniis repetundis — le droit d'exercer leur autorité dans des provinces autres que celles qui leur étaient attribuées, le droit de faire la guerre en dehors des mêmes provinces[7]; ils purent même rendre la justice chez les peuples libres[8], choisir leurs lieutenants sans en référer au sénat[9], et on leur laissa la libre disposition de sommes considérables[10].

[1]) Cf. Liv., *ep.*, 103. Plut., *Cic.*, 30. App., *b. c.*, 2, 15.
[2]) Liv., *ep.*, 104. Cic., *de Dom.*, 8, 20. *Sest.*, 26, 57. 27, 59. Schol. Bob., p. 301. 302. Flor. 3, 9. Dio C., 38, 30. App., *b. c.*, 2, 23.
[3]) Cic., *Flacc.*, 13, 30.
[4]) Cf. Amm. Marc., 14, 8, 15.
[5]) Schol. Bob., p. 301. App., *b. c.*, 2, 23. Strab., 14, 6, 6. Cf. Val., Max., 9, 4, ext., 1.
[6]) Cic., *Sest.*, 25, 55. *de Dom.*, 9, 23. 26, 70. *Prov. cons.*, 2, 3. Plut., *Cic.*, 30. Aur. Vict., *Vir. ill.*, 81.
[7]) Cic., *de Dom.*, 21, 55. 23, 60. 47, 124. *Pis.*, 16, 37. 24, 57.
[8]) Cic., *Prov. cons.*, 4, 7. Cic., *de Dom.*, 9, 23.
[9]) Cic., *Vat.*, 15, 36. Cf. *Sest.*, 14, 33.
[10]) Cic., *de Dom.*, 9, 23. 21, 55. *Sest.*, 10, 24. *p. red. in Sen.*, 7, 18. *Har. resp.*, 27, 58.

Aussitôt que ces lois furent proposées, Cicéron eut l'imprudence de prendre le deuil, et de faire des démarches auprès du peuple pour amener leur rejet [1]. Il eut pour lui les sympathies des chevaliers et du sénat. Les chevaliers organisèrent une députation qui devait aller trouver les consuls et le sénat; les sénateurs Hortensius et Curio en firent partie, beaucoup de sénateurs, imitant Cicéron, prirent le deuil. Les consuls n'étaient pas hommes à se laisser intimider par de pareilles manifestations publiques. Cicéron croyait pouvoir compter sur Piso [2] qu'il avait nommé gardien de la centurie prérogative, quand il présidait les comices, et, le 1er janvier, il l'avait interrogé le troisième au sénat [3]. Mais Piso déclara à Cicéron lui-même qu'il ne ferait rien contre la volonté de Gabinius [4], et lui donna le conseil de quitter Rome. Gabinius repoussa la députation des chevaliers qui voulait se présenter devant le sénat; L. Ælius Lamia, un chevalier qui s'était mis en avant dans cette affaire, fut exilé; Gabinius empêcha encore le sénat de délibérer sur une proposition de L. Ninnius concernant la prise de deuil (*vestis mutatio*), et ordonna par un édit signé aussi de Piso à tous ceux qui avaient pris le deuil de reprendre leurs costumes ordinaires [5]. Clodius ne restait pas inactif; il empêchait par la force la tenue des assemblées convoquées par Ninnius; dans d'autres assemblées il faisait attaquer violemment Hortensius et Curio [6] ; après avoir ébranlé la popularité des amis de Cicéron, il convoqua une assemblée dans le cirque flaminius; les consuls y vinrent pour blâmer la condamnation des partisans de Catilina; César, qui avait fait convoquer l'assemblée en dehors de la ville, parce que revêtu du commandement il ne pouvait plus pénétrer dans Rome [7], déclara que l'exécution ordonnée par

[1]) Cic., *Att.*, 3, 15, 5. Dio C., 38, 14. Plut., *Cic.*, 30.
[2]) Cic., *Sest*, 8, 19.
[3]) Cic., *p. red. in Sen.*, 7, 17. *Pis.*, 5, 11.
[4]) Cis., *Pis.*, 6, 12.
[5]) Dio C., 38, 16. Plut., *Cic.*, 31. Cic., *Sest*, 11-14. *p. red. in Sen.*, 5. 12. 12, 31. *ad Quir.*, 3, 8. 5, 13. *de Dom.*, 43, 113. *Pis.*, 8, 17. 27, 64. *Planc.*, 35, 87. *Fam.*, 11, 16, 2. 12, 29, 1. Ascon., p. 10. Schol. Bob., p. 249. 271 et seq. 296.
[6]) Cf. Cic., *Mil.*, 14, 37. *de Dom.*, 21, 54. 42, 110.
[7]) Cic., *p. red. in Sen.*, 13, 32. *Sest.*, 18, 41.

Cicéron était illégale; mais il ajouta, en faveur de Cicéron, qu'il ne pouvait pas approuver la proposition de punir cette illégalité [1]. Clodius put alors se vanter d'être d'accord avec César, Pompée et Crassus [2]. Ces trois grands personnages ne voulurent pas lui donner de démenti en public; au moment où l'on allait discuter les lois et les faits de l'année précédente, ils ne voulaient pas tourner contre eux un tribun populaire; d'ailleurs les dangers personnels qui les menaçaient leur tenaient beaucoup plus à cœur que ceux des autres. Crassus disait bien que les consuls devaient prendre la défense de Cicéron, mais il ne le pensait pas sérieusement. Des amis de Cicéron, ayant à leur tête le préteur L. Lentulus Crus, vinrent trouver Pompée; il leur déclara qu'il prendrait les armes pour soutenir la proposition que pourraient faire les consuls en faveur de l'orateur; mais il savait bien que les consuls ne feraient pas une proposition de ce genre [3]. Cette réponse [4], l'affectation de Pompée à s'éloigner de lui [5] firent comprendre à Cicéron qu'il ne pouvait pas compter sur Pompée. Ses meilleurs amis, Hortensius et Caton, lui représentèrent qu'une résistance à main armée serait inutile; ils l'engagèrent à s'éloigner, en lui faisant entrevoir la pompe d'un retour glorieux [6]. Cicéron se résigna à l'exil; plus tard il essaya de colorer sous les fleurs de son éloquence les motifs honorables à ses yeux qui l'avaient décidé [7]; en réalité, sa résolution fut dictée par des motifs plus simples, et ne mérite ni éloge ni blâme [8]. La veille de son départ, s'appuyant sur un plébiscite,

[1]) Dio C., 38, 16. 17. Plut., *Cic.*, 30. Cic., *Pis.*, 6, 14. *Sest.*, 14, 33. *p. red. in Sen.*, 6, 13. 7, 17.

[2]) Cic., *Sest.*, 17, 39 et seq. *Har. Resp.*, 22, 47.

[3]) Cic., *Sest.*, 18, 40. *p. red. in Sen.*, 13, 22 et seq. *Pis.*, 31, 77. Dio C., 38, 17. Schol. Bob., p. 288.

[4]) Cic., *Att.*, 3, 15, 4.

[5]) Dio C., 38, 17. Plut., *Cic.*, 31. *Pomp.*, 46. Cf., *Sest.*, 18, 41. 64, 133. *Pis.*, 31, 76. *ad Q. fr.*, 1, 4, 4. *Att.*, 3, 15, 4. 10, 4, 3.

[6]) Dio C., 38, 17. Plut., *Cic.*, 31. *Cat. min.*, 35. Cic., *ad Q. fr.*, 1, 4, 4. Cf., *Att.*, 3, 9, 2. 3, 15, 2. 4, 2, 5. *Fam.*, 7, 2, 3. 14, 1, 1. *ad Q. fr.*, 1, 3, 8.

[7]) Cic., *p. red. in Sen.*, 14, 34, *ad Quir.*, 5, 13. *de Dom.*, 24, 63. 34, 91. 36, 96 et seq. *Sest.*, 19. 23. *Planc.*, 36, 89. *Mil.*, 14, 36. *Fam.*, 1, 9, 13.

[8]) Cf. Dio C., 46, 11. 21.

Cicéron alla dédier devant le temple de Minerve au Capitole une statue de Minerve Custos[1] : il quitta Rome avant que la loi Clodia fût votée[2]. Elle dut l'être vers le milieu de mars[3]; car César qui se rendit dans sa province après le départ de Cicéron, n'y arriva que quelques jours avant le 28 mars[4].

Le jour où la loi de Clodius fut votée, la maison que Cicéron possédait à Rome fut incendiée et ses villas furent pillées[5]; le même jour, on vota la loi Clodia de provinciis[6]; le même jour aussi, ou un des jours suivants, fut encore votée la loi concernant l'île de Cypre[7]. Cette hypothèse concorde avec les faits que nous connaissons, et les agitations provoquées par le départ de Caton; il quitta Rome après Cicéron[8], mais, comme lui, au commencement du tribunat de Clodius[9].

Cicéron s'était exilé volontairement; pas ne fut besoin de formuler contre lui une accusation basée sur la loi de Clodius; Clodius, du reste, ne comptait en faire usage que dans le cas où Cicéron resterait[10]. Il fallait cependant obtenir contre lui un décret officiel d'exil, et lui rendre le retour impossible; voilà pourquoi Clodius proposa une seconde loi qui visait directement Cicéron[11]. La loi *Clodia de exilio Ciceronis*[12] portait qu'une sentence d'exil pesait sur la tête de Cicéron, parce qu'il avait faussement interprété un sénatus-consulte et fait mettre à mort des citoyens sans jugement[13]. Sa maison et ses biens furent confisqués au profit de l'État, la maison dut être rasée

1) Obseq., 68. Cf. Cic., *Fam.*, 12, 15, 1. *de Leg.*, 2, 17, 42. Dio C., 45, 17.
2) Dio C., 38, 17.
3) Plut., *Cæs.*, 14.
4) Cæs., *B. G.*, 1, 6. 7.
5) Ci.c, *Sest.*, 24, 54. *p. red. in Sen.*, 7, 18. Cf. *de Dom.*, 24, 62. *Pis.*, 11, 26. *Planc.*, 40, 95. *Mil.*, 32, 87. Cf. Ascon., p. 10.
6) Cic., *Sest.*, 24, 53. 19, 44. *p. red. in Sen.*, 7, 18. *Att.*, 3, 1.
7) Cic., *Sest.*, 29, 62.
8) Cic., *de Dom.*, 25, 65. *Sest.*, 28, 60. 29, 63. Erreur ap. Plut., *Cat. min.*, 34.
9) Cic., *de Dom.*, 9, 22.
10) Cic., *de Dom.*, 22, 57. *Mil.*, 14, 36.
11) Cf. Cic., *Att.*, 3, 15, 5 et seq.
12) Schol. Bob., p. 309.
13) Cic., *de Dom.*, 18, 47. 19, 50. 31, 83. *Pis.*, 29, 72. Schol. Bob., p. 253. Liv., *ep.*, 103. Dio C., 38, 17. Plut., *Cic.*, 32. Cf. Dio C., 46, 2. 20.

comme celle des coupables de haute trahison[1]. Au jour indiqué, Cicéron devait se tenir éloigné de Rome à une distance d'au moins 400,000 pas[2]; s'il se rapprochait, on pourrait le mettre à mort sans jugement, ainsi que ceux qui l'auraient accueilli[3]. Défense aux tribuns futurs de proposer son rappel[4], défense aussi aux magistrats et aux sénateurs de faire une motion de ce genre au sénat, même d'émettre un vote en sa faveur[5]. Après avoir présenté la loi, Clodius apprit que Cicéron voulait se retirer en Sicile ou à Malte[6]; il changea dans sa proposition l'article qui concernait la distance et s'arrangea pour que le séjour de la Sicile fût interdit à l'exilé[7]. Clodius observa toutes les formalités législatives, pour que sa loi ne pût être annulée pour vice de forme[8]. Il dut respecter le trinundinum, sa loi ne put donc être proposée que vers le milieu de mars; en tenant compte des jours néfastes et des grands jeux d'avril, nous concluons qu'elle dut être votée avant le 3 avril. Cette date concorde avec ce que nous apprend Cicéron; il fallut un certain délai pour le prévenir; or, nous savons par lui qu'il lui fut signifié de se trouver en dehors des limites fixées par la loi avant le 7 avril[9]. L'assemblée qui vota la loi ne devait être composée que des bandes de Clodius, les amis de Cicéron s'abstinrent, toute opposition était inutile[10].

La loi de Clodius avait pour elle les apparences de la légalité, mais rien que les apparences; c'était aux yeux de Cicéron[11], et c'est aussi pour l'historien, un acte arbitraire,

[1]) Dio C., 38, 17. App., *b. c.*, 2, 15. Plut., *Cic.*, 33. Cic., *Sest.*, 30, 65. *Pis.*, 13, 30. Ascon., p. 10.

[2]) Cic., *Att.*, 3, 4.

[3]) Cic., *de Dom.*, 19, 51. 32, 85. *Planc.*, 41, 97. *Fam.*, 14, 4, 2. *Att.*, 3, 4. Dio C., 38, 17.

[4]) Cic., *Att.*, 3, 23, 4.

[5]) Cic., *Att.*, 3, 15, 6. 3, 12, 1. 3, 23, 2. *p. red. in Sen.*, 4, 8. *de Dom.*, 26, 68. 27, 70. *Sest.*, 32, 69. *Pis.*, 13, 29.

[6]) Dio C., 38, 17. Plut., *Cic.*, 31. Cic., *Planc.*, 40, 95. *Att.*, 3, 4.

[7]) Dio C., 38, 17. Plut., *Cic.*, 32. Cf., *Att.*, 3, 2.

) Cic., *Prov. cons.*, 19, 45 *de Dom.*, 16, 42.

[9]) Cic., *Att.*, 3, 4. 3, 5. Cf. *Fam.*, 14, 4, 2. *Planc.*, 40, 96 et seq.

[10]) Cic., *de Dom.*, 30, 79. 31, 82. *Sest.*, 51, 109 et seq. *Pis.*, 13, 30.

[11]) Cf. Cic., *de Leg.*, 3, 19, 45. *Sest.*, 34, 73.

émanant de la souveraineté judiciaire de la populace révolutionnaire conduite par le tribun ; elle montre bien clairement qu'il ne fallait plus songer au maintien des institutions républicaines. Rome allait tomber dans l'anarchie, ou passer au régime monarchique[1].

En même temps, Clodius avait présenté la loi qui devait éloigner Caton de Rome ; elle dut aussi être votée avant les jours néfastes d'avril. Avant le vote, Clodius avait vu Caton et lui avait déclaré que personne n'était plus capable que lui d'administrer les biens de Ptolémée ; Caton refusa énergiquement l'offre qu'il prévoyait[2]. Quand la loi fut votée[3], Clodius demanda que Caton fût chargée de l'exécuter en qualité de questeur, mais on lui donnerait les pouvoirs prétoriens, c'est-à-dire le droit de faire la guerre[4]. Il ajouta, pour tenir Caton plus longtemps éloigné de Rome, que le nouveau magistrat serait chargé de reconduire à Byzance des bannis[5] qui avaient acheté la protection de Clodius au poids de l'or[6]. Clodius avait souvent parlé dans les assemblées de la part prise par Caton à la condamnation des partisans de Catilina[7], et il savait que Caton ne pourrait pas refuser la mission qui lui était confiée ; il était particulièrement heureux de donner un commandement extraordinaire au zélé républicain qui avait toujours protesté contre les commandements de ce genre[8] ; l'occasion était excellente pour le compromettre, et Clodius fit son possible pour préparer les éléments d'un procès contre Caton[9]. Pour ne pas s'exposer à un décret d'exil en désobéissant à la volonté du peuple souverain, autant que pour ne pas

1) Cic., *de Dom.*, 10, 26. 13, 33. 17, 43. 42, 110. *Sest.*, 30, 65.
2) Plut., *Cat. min.*, 34. Cf. Cic., *de Dom.*, 25, 65.
3) Cic., *Sest.*, 29, 62.
4) Vell., 2, 45. Liv., *ep.*, 104. Aur. Vict., *Vir. ill.*, 80. Cic., *de Dom.*, 8, 20. 9, 21. Dio C., 38, 30. Plut., *Cat. min.*, 34. *Cæs.*, 21. *Pomp.*, 48. App., *b. c.*, 2, 23. Strab., 14, 6, 6.
5) Plut., *Cat., min.*, 34. Cic., *de Dom.*, 20, 52. *Sest.*, 26, 56. Schol. Bob., p. 301.
6) Cic., *de Dom.*, 50, 129. *Har. Resp.*, 27, 59. Cf. *ad Q. fr.*, 2, 9, 2.
7) Cic., *de Dom.*, 9, 21.
8) Cic., *Sest.*, 28, 60. *de Dom.*, 9, 22.
9) Plut., *Cat. min.*, 34. 45.

laisser tomber en d'autres mains la gestion des grands intérêts qui lui étaient confiés[1], Caton se soumit. César écrivit à Clodius pour le féliciter du résultat obtenu[2].

Le sénat avait donné une preuve nouvelle de son impuissance, de son effacement dans l'État; nous retrouvons là un autre symptôme de l'état morbide dans lequel se débattait l'institution républicaine. Clodius dirigeait tout, décidait de tout avec ses bandes, dont les membres n'étaient probablement pas même des citoyens; ils représentaient maintenant le peuple souverain, les organes de la constitution étaient donc complètement faussés; Rome était dominée par une démagogie anarchique.

L'impuissance du sénat s'accusa d'une manière encore plus caractéristique; il ne put faire annuler les lois de César Au moment où fut proposée la première loi Clodia contre Cicéron[3], les préteurs L. Domitius Ahenobarbus et C. Memmius Gemellus firent un rapport sur les événements de l'année précédente, *de superioris anni actis*[4]. César déclara franchement qu'il s'en rapportait à la décision du sénat[5]. Mais il fit connaître sa pensée intime dans des discours qu'il composa contre Domitius et Memmius, discours qui furent ensuite publiés[6]; d'ailleurs les amis de César veillaient et agissaient de telle sorte que le sénat ne put rendre de sénatus-consulte. Après trois jours de discussions stériles, César put se rendre dans sa province vers la fin de mars[7]. La tentative avait échoué, il en résultait qu'auprès de l'opinion la tentative elle-même était considérée comme blâmable, par conséquent les lois Juliæ n'en étaient que mieux affermies[8].

Constatons aussi l'impuissance des tribunaux; on ne put mettre en accusation ni César ni Vatinius. Après le départ de

[1]) Cic., *Sest.*, 28, 61 et seq.
[2]) Cic., *de Dom*, 9, 22.
[3]) Cic., *Sest.*, 18, 40. *Prov. cons.*, 18, 43. *Pis.*, 32, 79.
[4]) Suet., *Cæs.*, 23. *Ner.*, 2. Schol. Bob., p. 297.
[5]) Suet., *Cæs.*, 23. Schol. Bob., p. 317.
[6]) Schol. Bob., p. 317. 297. Suet., *Cæs.*, 73.
[7]) Suet., *Cæs.*, 23.
[8]) Cic., *Vat.*, 6, 15. *Prov. cons.*, 19, 46.

César, on avait poursuivi son questeur ; en obtenant sa condamnation, on atteignait César ; puis le tribun L. Antistius osa accuser César lui-même. Le préteur était décidé à recevoir la plainte, mais César fit agir le collège des tribuns ; ces derniers défendirent que l'on mît en accusation un magistrat retenu loin de Rome pour le service de l'État[1]. Vatinius était devenu le lieutenant de César[2], il eût pu décliner la poursuite en employant le même procédé. Il préféra subir les poursuites ; C. Licinius Calvus[3] l'avait cité en vertu de la loi Licinia Junia[4] devant le préteur C. Memmius Gemellus pour répondre des irrégularités de sa législation dans trente jours ; Vatinius laissa s'écouler le délai pendant lequel il pouvait faire appel au collège des tribuns. Vatinius discuta alors sur l'interprétation de la loi *de Alternis consiliis rejiciendis*, et finalement se fit soutenir par les bandes de Clodius qui chassèrent le préteur du tribunal[5].

Tout réussissait à Clodius ; il se persuada bientôt qu'il était le maître absolu dans Rome[6], il ne craignit pas d'offenser Pompée[7]. Voici comment : le préteur L. Flavius était chargé de garder le jeune Tigrane ; en avril[8], Clodius ménagea à Tigrane les moyens de tromper Flavius et de s'enfuir ; quand Flavius et Clodius se rencontrèrent sur la voie Appia, ils se livrèrent un véritable combat ; un chevalier M. Papirius fut tué, et Flavius dut prendre la fuite[9]. Clodius proposa ensuite des lois[10] qui devaient changer certaines dispositions prises par Pompée en Orient[11]. Pompée se retourna aussitôt contre

1) Suet., *Cæs.*, 23.
2) Cic., *Vat.*, 15, 35.
3) Tac. *Dial.*, 34. Quint., 12, 6, 1.
4) Cic., *Sest.*, 64, 135.
5) Cic., *Vat.*, 14, 33. Cf. Schol. Bob., p. 310. 323. 322 ; il y a là confusion avec une autre accusation dirigée contre Vatinius.
6) Cic, *Sest.*, 15, 34. *de Dom.*, 19, 49.
7) Cic., *de Dom.*, 25, 66. App., *b. c.*, 2, 15. Plut., *Pomp.*, 48.
8) Cic., *Att.*, 3, 8, 3.
9) Ascon., p. 47. Schol. Bob., p. 284. Cic., *de Dom.*, 25, 66. *Mil.*, 6, 18. 14, 37. Dio C., 38, 30. Plut., *Pomp.*, 48.
10) Cic., *Sest.*, 30, 66. 25, 55. *de Dom.*, 10, 24.
11) Plut., *Pomp.*, 38. *Cic.*, 33.

Clodius[1]; Gabinius qui avait les faisceaux pour le mois d'avril en fit autant sur les conseils de Pompée[2]. Les choses allèrent si loin que Clodius consacra les biens de Gabinius[3]; L. Ninnius riposta en consacrant aussi les biens de Clodius[4]. Le sénat reprit courage, Clodius n'osa plus se montrer dans les réunions où les partisans du sénat étaient en nombre, par exemple aux jeux de M. Æmilius Scaurus[5]. Le préteur L. Domitius Ahenobarbus put même faire échouer une proposition de loi du tribun Cn. Manlius, la *rogatio de libertinorum suffragiis;* elle avait dû être préparée de concert avec Clodius à l'époque dont nous parlons, et nous pensons qu'elle était une reproduction de la rogation Manilia de 67, qui avait été repoussée. Il faut ajouter que le préteur employa, pour réussir, les mêmes moyens de violence que Clodius[6]. On s'explique dès lors pourquoi Clodius put faire passer un si petit nombre de rogations. Nous n'en connaissons que trois, sans compter celles dont nous avons parlé plus haut : la loi *Clodia de scribis quæstoriis,* qui interdisait aux secrétaires des questeurs en province les opérations commerciales[7]; la loi *Clodia de injuriis publicis*, faite au profit d'un des plus violents partisans de Clodius, Menulla d'Anagni[8]; et la loi *Clodia de Dejotaro et Brogitaro*, qui est bien de cette époque, puisqu'elle changeait des dispositions prises par Pompée en Asie; elle enlevait à Déjotarus le sacerdoce de la grande déesse à Pessinonte, pour le conférer, ainsi que le titre de roi, au gendre de Déjotarus, Brogitarus, qui avait corrompu Clodius[9].

La brouille entre Pompée et Clodius[10] eut un résultat immédiat; en mai, on parla déjà de rappeler Cicéron[11]. On con-

1) Cic., *Sest.*, 31, 67. *de Dom.*, 10, 25.
2) Cic., *de Dom.*, 25, 66. *Pis.*, 12, 27.
3) Cic., *de Dom.*, 47, 127. Dio C., 38, 30.
4) Cic., *de Dom.*, 48, 125.
5) Cic., *Sest.*, 54, 116.
6) Ascon., p. 46. Cf. Schol. Bob., p. 284.
7) Suet., *Domit.*, 9.
8) Cic., *de Dom.*, 30, 81.
9) Cic., *Sest.*, 26, 56. *Har. resp.*, 13, 28. 27, 58. *de Dom.*, 50, 129. Cf. *Mil.*, 27, 73.
10) Cic., *Att.*, 3, 10, 1.
11) Cic., *Att.*, 3, 8, 2. 3.

sulta Pompée qui se montra favorable[1]; le 1er juin[2], le tribun L. Ninnius parla au sénat de son intention de proposer une loi *de Ciceronis reditu;* Clodius était absent; un autre tribun, Ælius Ligus[3], opposa son intercession à toute proposition qui aurait pour objet le rappel de Cicéron[4]; le sénat ne voulut pas s'en occuper avant que les circonstances lui permissent de s'attribuer l'honneur du rappel[5]. Ninnius porta sa proposition devant le peuple; il y eut des combats sur la place publique, et Ninnius ne put la faire voter[6]. Sur ces entrefaites, Q. Cicéron revint d'Asie où il avait passé trois ans comme gouverneur; le sénat fit en son honneur une démonstration significative[7]. Pompée attendait que les comices électoraux eussent eu lieu pour soulever de nouveau la question au sénat[8]; il communiqua ses vues avec beaucoup de confiance au tribun Q. Térentius Culleo[9], et demanda par écrit l'avis de César[10].

Les élections eurent lieu en juillet[11] sous la direction de Piso[12]; elles furent meilleures pour le sénat qu'on ne s'y attendait. Les consuls élus pour 57 furent P. Cornélius Lentulus Spinther et Q. Cæcilius Métellus Népos; édile sous le consulat de Cicéron, Lentulus[13] avait surpassé tous ses prédécesseurs par l'éclat de ses fêtes[14]; il avait aidé Cicéron dans sa lutte contre Catilina[15]; en 60, il était devenu préteur urbain[16], puis

1) Dio C., 38, 30. Plut., *Cic.*, 33.
2) Cic., *Sest.*, 31, 68. *p. red. in Sen.*, 2, 3.
3) Cic., *Sest.*, 31, 68. Cf., 43, 94. *de Dom.*, 19, 49. *Har. resp.*, 3, 5.
4) Dio C., 38. 30. Cic., *p. red. in Sen.*, 2, 3.
5) Plut., *Cic.*, 33. Cic., *Sest.*, 31, 68. *Att.*, 3, 24, 2.
6) Dio C., 38, 30.
7) Cic., *Sest.*, 31, 68. *de Dom.*, 23, 59.
8) Cic., *Att.*, 3, 13, 1. 3, 12. 1. 3, 14, 1. Plut., *Pomp.*, 49. Cic., *Att.*, 3, 15, 1.
9) Plut., *Pomp.*, 49. Cic., *Att.*, 3, 15, 5.
10) Cic., *Att.*, 3, 18, 1. 3, 15, 3.
11) Cic., *Att.*, 3, 13, 1. 3, 14, 1.
12) Cic., *de Dom.*, 43, 112.
13) Cf. Cic., *Brut.*, 77, 268.
14) Cic., *Off.*, 2, 16, 57. Plin., *n. h.*, 9, 39, 63, 137. Val. Max., 2, 4, 6.
15) Cic., *ad Quir.*, 6, 15.
16) Plin., *n. h.*, 19, 1, 6, 23.

avait gouverné l'Espagne citérieure[1]; quand il était tribun, Métellus avait combattu Cicéron, mais il était partisan de Pompée, et on pensait qu'il serait au moins neutre dans la question du rappel de Cicéron. Parmi les préteurs élus se trouvait un des chefs du parti anarchique[2], Appius Claudius, frère de Publius, ennemi personnel de Cicéron; mais tous les autres appartenaient au parti sénatorial[3] : L. Cæcilius Rufus, M. Calidius, C. Septimius, Q. Valerius Orca[4], P. Licinius Crassus (?), Sex. Quintilius Varus (?)[5] et C. Cæcilius Cornutus. En juillet aussi eurent lieu les élections de tribuns[6]; T. Annius Milo (Papianus)[7], P. Sestius, T. Fadius Gallus, Q. Fabricius, C. Cestilius, M. Cispius, M. Curtius[8] Peducæanus (fils de Sex. Peducæus qui avait été questeur de Cicéron), et C. Messius tenaient les uns pour le sénat, les autres pour Pompée[9]; deux seulement, Q. Numerius Rufus et Sex. Atilius Serranus ou Gavianus[10] se laissèrent acheter après leur élection par le parti de Clodius[11].

De pareilles élections trompaient tous les calculs de Clodius; désespéré, plein de rage, il prépara un complot pour attenter aux jours de Pompée; l'exécution devait avoir lieu le 11 août[12], mais Pompée fut prévenu et resta chez lui; Clodius résolut alors de faire assiéger la maison de Pompée par ses bandes un des jours suivants[13]. Pour troubler davantage la situation politique, il eut l'idée originale de commencer

1) Cæs., *b. c.*, 1, 22. Cic., *Fam.*, 1, 9, 13.
2) Cic., *de Dom.*, 43, 112.
3) Cic., *p. red. in Sen.*, 9, 22 et seq.
4) Cf. Cic., *Fam.*, 13, 6 a.
5) Ne pas le confondre avec le questeur de 49 dont parle Cæs., *b. c.*, 1, 23.
6) Cic., *Att.*, 3, 13, 1.
7) Ascon., p. 53.
8) Il y a erreur, faute de copiste, dans le texte de Cic., *ad Q. fr.*, 1, 4, 3 où on trouve Curius, cf. *Flacc.*, 12, 30.
9) Cic., *p. red. in Sen.*, 8, 19 et seq. *ad Q. fr.*, 1, 4, 3. *Mil.*, 15, 39.
10) Ascon , p. 11. Schol. Bob., p. 288. 303. Cic., *Sest.*, 33, 72. 34, 74. 38, 82. 43, 94. *Att.*, 4, 2, 4. *Har. resp.*, 15, 32.
11) Cic., *Pis.*, 15, 35. *Sest.*, 40, 87.
12) Ascon., p. 47.
13) Ascon., p. 47. Cic., *Sest.*, 32, 69. *de Dom.*, 5, 13. 25, 67. *Har. resp.*, 23, 49. *Pis.*, 7, 16. 12, 28. *Mil.*, 7, 18. 27, 73. Plut., *Pomp.*, 49.

une campagne pour faire supprimer les lois de César[1]. Mais son rôle était fini; sans doute Gabinius et Piso s'opposèrent encore à ce qu'une proposition formelle fût faite au sénat concernant Cicéron[2]; la loi Clodia les empêchait de laisser aller les choses, mais ils ne purent pas empêcher les sénateurs de parler de Cicéron[3]; en juillet, le préteur L. Domitius Ahenobarbus déclara qu'il était disposé à faire une proposition formelle[4]. Quant à Pompée, il affectait de ne pas venir au sénat[5]. Deux des tribuns désignés préparèrent le texte d'une loi qui permettrait à Cicéron de rentrer[6]; ces deux tribuns étaient P. Sestius, qui avait soutenu Cicéron pendant son consulat en qualité de questeur de C. Antonius[7], et T. Fadius, l'ancien questeur et partisan de Cicéron pendant le même consulat[8]. Sestius alla même trouver César, pour le décider à s'associer à leur projet de loi[9]. Enfin, le 29 octobre[10], tous les collègues de Clodius, à l'exception de Ælius Ligus[11], proposèrent en commun une loi de reditu Ciceronis sur la demande de Pompée[12]; mais la loi renfermait un article qui pourrait permettre à Clodius d'en attaquer la validité une fois qu'elle serait votée[13]. Ainsi devient vraisemblable la supposition faite par Cicéron que ses amis sincères, L. Ninnius, L. Novius[14], L. Antistius, Q. Terentius Culleo se seraient laissés duper par leurs collègues peu honnêtes; Cicéron prétend que cet article avait été inséré dans la loi par Clodius lui-même[15]. Le sénat discuta longuement la propo-

1) Cic., *de Dom.*, 15, 40. *Har. resp.*, 23, 48.
2) Cic., *p. red. in Sen.*, 2, 3. *ad Quir.*, 5, 11. *Sest.*, 32, 69. *Pis.*, 13, 29.
3) Cic., *Att.*, 3. 15, 1. 3.
4) Cic., *Att.*, 3, 15, 6.
5) Cic , *Sest* , 32, 69. *p. red. in Sen.*, 2, 4. *de Dom.*, 25, 67. *Har. resp.*, 23, 49. *Mil.*, 6, 18.
6) Cic., *Att.*, 3, 19, 2. 3, 20. 3. 3, 23, 4. Cf. *Fam.*, 14, 2, 2. 14, 3, 3.
7) Cic., *Cat.*, 1, 8, 21. *Sest.*, 3, 8 et seq.
8) Cic. *p. red. in Sen.*, 8, 21.
9) Cic., *Sest.*, 33, 71.
10) Cic., *Att.*, 3, 23, 1.
11) Cic., *Sest.*, 32, 69.
12) Cic., *p. red. in Sen.*, 11, 29.
13) Cic., *Att.*, 3, 23, 2.
14) C. Ascon., p. 47.
15) Cic., *Att.*, 3, 23, 4.

sition[1]; le consul désigné P. Lentulus[2], et le préteur désigné M. Calidius[3] prirent ouvertement parti pour Cicéron; malgré tout, la loi ne fut pas votée.

Le retour de Cicéron n'était plus qu'une affaire de temps; le sénat renonça à l'engagement qu'il avait pris de ne plus s'occuper d'aucune affaire avant que Cicéron fût rappelé par un sénatus-consulte. Au commencement de novembre il s'occupa de régler les armements dans les provinces des consuls désignés[4]. Cicéron craignait que les nouveaux tribuns se laissassent décourager par ce qui venait de se passer; mais dès leur entrée en fonctions les huit qui lui étaient favorables déposèrent une proposition commune en faveur de l'orateur[5]; C. Messius venait déjà d'en faire une semblable *de Cicerone revocando*[6]. Les délibérations du sénat aboutirent enfin à un sénatus-consulte[7]; il décidait en principe le rappel de Cicéron; les questions de fait qui s'y rattachaient étaient renvoyées à l'examen des consuls de l'année suivante.

Dès le 1er janvier 57 le consul P. Lentulus Spinther parla au sénat du rappel de Cicéron[8]; l'autre consul Q. Métellus Népos, que Q. Cicéron et Atticus avaient essayé de gagner[9], déclara qu'il oubliait sa haine et ne ferait pas d'opposition[10], On demanda aux sénateurs leur avis : L. Aurélius Cotta, interrogé le premier comme ancien censeur, déclara qu'une loi était inutile, vu que l'exil avait été prononcé d'une façon illégale[11]. Pompée fut d'un avis contraire; rappelant que le tribunat de Clodius avait été légal[12], il fallait un plébiscite pour lever la loi d'exil[13]. Pompée allait entraîner le vote d'un

1) Cic., *p. red. in Sen.*, 2, 4.
2) Cic., *Sest.*, 32. 70. *p. red. in Sen.*, 1, 8. *de Dom.*, 27, 70.
3) Cic., *p. red. in Sen.*, 9, 22.
4) Cic., *Att.*, 3, 24, 1. 2.
5) Cic., *Sest.*, 33, 72. *Pis.*, 15, 35. *Fam.*, 1, 9, 16.
6) Cic., *p. red. in Sen.*, 8, 21.
7) Cic., *Att.*, 3, 26. Cf., 3, 25.
8) Cic., *p. red. ad Quir.*, 5, 11. *Pis.*, 15, 34.
9) Cic., *Fam.*, 5, 4, 1. *Att.*, 3, 22, 2. 3, 23, 1. 3, 24, 2.
10) Cic., *Sest.*, 32, 72. 40, 87. *p. red. ad Quir.*, 6, 15.
11) Cic., *Sest.*, 34, 73 *de Dom*, 26, 68. 32,84. *Leg.*, 3, 19, 45.
12) Cic., *de Dom.*, 16, 42. *Prov. cons.*, 19, 45.
13) Cic., *Sest.*, 34, 74. *de Dom.*, 26, 69.

sénatus-consulte approuvant la proposition des huit tribuns, quand Sex. Atilius Serranus, ancien obligé de Cicéron, sous le consulat duquel il avait été nommé questeur, demanda un délai d'une nuit pour réfléchir[1]. Aux séances suivantes, le sénat ne put arriver à la rédaction du sénatus-consulte[2]; mais son opinion était maintenant connue; les consuls et les préteurs, excepté Appius Claudius[3], annoncèrent qu'ils prenaient pour leur compte la proposition des tribuns[4]. Elle prit le nom de *Rogatio fabricia*, de Q. Fabricius; le vote fut fixé au 23 janvier[5], Appius Claudius annonça qu'il observerait le ciel[6], ne tenant aucun compte de la loi Clodia ni des dispositions encore en vigueur des lois Ælia et Fufia; puis finalement les partisans de Clodius chassèrent du forum Q. Fabricius et M. Cispius; le sang coula, Q. Cicéron fut blessé[7].

Un autre jour P. Sestius voulut faire opposition au consul Métellus; il fut attaqué, et faillit trouver la mort au milieu du massacre qui s'ensuivit[8]. Le préteur L. Cæcilius Rufus vit sa maison entourée par les bandes de Clodius[9]; pour quel motif? Probablement parce qu'il refusait d'admettre les réclamations de ceux qui avaient pillé les propriétés de Cicéron[10]. Ces violences firent ouvrir les yeux à quelques magistrats; le consul Métellus Népos, qui n'était pas complètement vendu au parti de Clodius, commença à s'effrayer[11].

Sur ces entrefaites Milon fit emprisonner un certain nombre de gladiateurs qu'Appius Claudius avait achetés pour ses jeux et qu'il avait cédés à P. Clodius[12]; Atilius leur rendit la

1) Cic., *Sest.*, 34, 74. *p. red. ad Quir.*, 5, 12. *Att.*, 4, 2, 4.
2) Cic., *Sest.*, 35, 75. *ad Quir.*, 5, 12.
3) Cic., *Sest.*, 40, 87. *Pis.*, 15, 35. *Mil.*, 15, 39. Ascon., p. 11. Dio C., 39, 6.
4) Cic., *Pis.*, 15, 35. *p. red. in Sen.*, 9, 22.
5) Cic., *Sest.*, 35, 75.
6) Cic., *Sest.*, 36, 78.
7) Cic., *Sest.*, 35. *p. red. in Sen.*, 8, 22. 3, 6. *Mil.*, 14, 38. Dio C. 39 7. Plut., *Cic.*, 33. *Pomp.*, 49.
8) Cic., *Sest.*, 37. *Mil.*, 14, 38, *p. red. in Sen*, 3, 7. 12, 30. *ad Quir.*, 6, 14. *ad Q. fr.*, 2, 3, 6. Schol. Bob., p. 392.
9) Cic., *Mil.*, 14, 38. Ascon., p. 48.
10) Cic., *p. red. in Sen.*, 9, 22. Cf. *de Dom.*, 41, 108.
11) Cic., *p. red. in Sen.*, 3, 7. *Fam.*, 5. 4, 1. Dio C., 39, 6.
12) Cic., *Sest.*, 39, 85. 35, 77 et seq. Dio C., 39, 7. Cf. Cic., *de Dom.*, 43, 111.

liberté[1]. Milon poursuivit alors P. Clodius pour violence (*vis*)[2], mais Métellus, Appius Claudius et Atilius soutinrent Clodius par des édits, l'accusation ne put être reçue; le préteur fut saisi de frayeur[3]. La maison de Milon fut bientôt entourée[4], mais Milon rendit violence pour violence; d'accord avec Pompée[5], il engagea une troupe de gladiateurs[6], et P. Sestius en fit autant[7]. Pendant plusieurs mois il y eut des engagements journaliers dans les rues et sur les places publiques; Appius Claudius réunit de nombreuses assemblées pour exciter davantage les esprits[8], le sénat se taisait, les tribunaux ne fonctionnaient plus[9]; enfin Milon prit le dessus avec ses gladiateurs[10].

Cicéron n'était pas oublié; Pompée était magistrat (*duovir*) de Capoue; il fit prendre par le sénat de la colonie une délibération favorable à Cicéron, elle fut le point de départ d'une nouvelle campagne[11]. A Rome, le sénat ne put reprendre ses séances qu'en juin. La première eut lieu dans le temple de l'Honneur et de la Vertu (élevé par Marius), au moment où Lentulus donna ses jeux; le sénat recommanda Cicéron aux provinciaux, aux magistrats de provinces; il invita aussi tous les citoyens qui habitaient l'Italie à se rendre à Rome pour protéger le sénat[12]. En juillet Lentulus déposa son projet de

1) Cic., *Sest.*, 39, 85.
2) Cic., *Mil*, 13, 35. 15, 39. *Sest.*, 41, 89. *p. red. in Sen.*, 8, 19. *Att.*, 4, 3, 2. Plut, *Cic.*, 33. Dio. C., 39, 7.
3) Cic., *Sest.*, 41, 89. *p. red. in Sen.*, 8, 19. Cf. *Fam.*, 5, 3, 2.
4) Cic., *Sest.*, 39, 85. *Mil*, 14, 38.
5) App., *b. c.*, 2, 16. Liv., *ep.*, 104. Vell., 2, 45. Plut., *Cic.*, 33. *Pomp.*, 49.
6) Cic., *Sest.*, 40. 41. *p. red. in Sen.*, 8, 19. *Har. resp.*, 4, 6. *Off.*, 2, 17, 58. Dio C., 39, 8.
7) Cic., *Sest.*, 42, 90. 92.
8) Cic., *Sest.*, 59, 126. *de Dom.*, 15, 40. Schol. Bob., p. 307.
9) Cic., *p. red. in Sen.*, 3, 6. *ad Quir.*, 6, 14. *Sest.*, 39, 85.
10) Dio C., 39, 8. Cic., *Mil.*, 13, 35. *p. red. in Sen.*, 8, 19. Plut., *Cic.*, 33.
11) Cic., *Mil.*, 15, 39. *p. red. in Sen.*, 11, 29. *Pis.*, 11, 25. Cf. *Sest.*, 4, 9.
12) Cic., *Planc.*, 32, 78. *Sest.*, 54, 116. 60, 128. 22, 50. *Pis.*, 15, 34. *p. red. in Sen.*, 9, 24. *de Dom.*, 28, 73. 32, 85. *de Div.*, 1, 28, 59. Val. Max., 1, 7, 5. Schol. Bob., p. 269. 305. App., *b. c.*, 2, 15.

loi; le sénat siégeait alors dans le temple de Jupiter sur le Capitole; Métellus Népos approuva[1]; les efforts réunis de Lentulus et de Pompée l'avaient décidé à défendre Cicéron[2]; pendant la séance le vieux P. Servilius Vatia Isauricus acheva de le décider en lui rappelant les glorieux souvenirs de la famille des Métellus[3]. On demanda ensuite aux sénateurs leur avis; Pompée se prononça ouvertement pour Cicéron; tous les autres, 416 présents, en firent autant, Clodius resta seul[4]. Le sénatus-consulte chargeait Lentulus[5] de présenter la résolution du sénat aux comices par centurie. Le jour suivant on décida que l'on considérerait comme un crime toute tentative faite pour empêcher la tenue des comices[6]. Le mouvement de l'opinion était si bien prononcé, qu'aux jeux donnés par Métellus Scipion en l'honneur de Metellus Pius, Sestius fut accueilli par des applaudissements[7]; Appius Claudius n'osa pas se montrer[8], et n'essaya pas de faire opposition[9].

La *loi Cornelia* permettait à Cicéron de rentrer[10] dans la propriété de tous ses biens[11]; pour la recommander au peuple on réunit plusieurs assemblées, dans lesquelles Lentulus, Pompée et d'autres optimates prirent la parole en faveur de Cicéron[12]; les comices centuriates se réunirent le 4 août[13]; Clodius parla contre la loi[14], mais les comices étaient protégés par les bandes de Milon; la loi fut votée par une foule considérable de citoyens venus des municipes et des colonies de

[1]) Cic., *Sest.*, 62, 130. *p. red. ad Quir.*, 6, 15. *de Dom.*, 27, 70.
[2]) Dio C., 39, 8.
[3]) Cic., *Sest.*, 62, 130. *p. red. in Sen.*, 10, 25. *Prov. cons.*, 9, 22. Schol. Bob., p. 308.
[4]) Cic., *p. red. in Sen.*, 10, 26. *ad Quir.*, 6, 15. *de Dom.*, 6, 14. 12, 30. *Sest.*, 61, 129. *Mil.*, 15, 39.
[5]) Cic., *Pis.*, 15, 35. Cf. *de Dom.*, 4, 9 Dio C., 39, 8.
[6]) Cic., *Sest.*, 61, 129. *Pis.*, 15, 35. *p. red. in Sen.*, 11, 27.
[7]) Cic., *Sest.*, 58, 124.
[8]) Cic., *Sest.*, 59, 126.
[9]) Cic., *de Dom.*, 33, 87.
[10]) Cic., *de Dom.*, 27, 71.
[11]) Cic., *Har. resp.*, 6, 11. Cf. *Att.*, 3, 20, 2. *Fam.*, 14, 2, 3.
[12]) Cic., *Pis.*, 15, 34. 32, 80. *Sest.*, 50, 107. *p. red. in Sen.*, 10, 26. *ad Quir.*, 7, 16. *de Dom.*, 12, 30.
[13]) Cic., *Att.*, 4, 1, 4.
[14]) Cic., *Sest.*, 50, 108. *de Dom.*, 33, 90. *Mil.*, 14, 38. Dio C., 39, 8.

l'Italie[1]. On crut que l'union était rétablie dans l'État; le parti sénatorial avait oublié l'ancienne attitude de Pompée.

Cicéron s'était embarqué à la fin d'avril 58 à Brundisium pour Dyrrachium[2]; il avait ensuite passé plusieurs mois[3] à Thessalonique sous la protection de Cn. Plancius, questeur du gouverneur de la Macédoine L. Appuleius[4]. En novembre 58 il était déjà revenu à Dyrrachium[5]; le 5 août il arriva à Brundisium[6]. Son voyage à travers l'Italie fut une marche triomphale, il fut reçu à Rome avec tous les honneurs[7]. Arrivé le 4 septembre[8], il parla le lendemain au sénat et devant le peuple pour exprimer sa reconnaissance[9]. Il avait préparé pendant son voyage le discours que nous avons encore, *Oratio post reditum in senatu*; mais il dut changer, les circonstances n'étant plus les mêmes, le discours qu'il prononça devant le peuple, *Oratio post reditum ad quirites*. Quant à Pompée, Cicéron trouva bientôt l'occasion de lui exprimer sa reconnaissance, en lui rendant des services.

Par suite de mauvaises récolte la famine menaçait Rome, et tous les objets de consommation se vendaient très cher[10]; Clodius agitait la plèbe; il y avait déjà eu des désordres en juillet[11]; il la décida à faire des manifestations pour forcer le sénat et les consuls à distribuer des secours[12]. On comptait

[1]) Cic., *Pis.*, 15, 34. 36. *Sest.*, 60, 128. 51, 109. 52, 112. *p. red. in Sen.*, 11, 27. *ad Quir.*, 7, 17. *de Dom.*, 28, 75. 33, 90. *Har. resp.*, 6, 11. *Fam.*, 1, 9, 16.

[2]) Cic., *Att.*, 3, 7, 3. 3, 8, 1. *Fam.*, 14., 4, 3. 6. *Planc.*, 41, 97. Dio C., 38, 18 et seq. Plut *Cic.*, 32.

[3]) Cic., *Planc.*, 41, 98 et seq. 10, 26. 28, 58. *Att.*, 3, 14, 2. *p. red. in Sen.*, 14, 35. Schol. Bob., p. 253.

[4]) Cic., *Planc.*, 11, 28.

[5]) Cic., *Att.*, 3, 22, 4. *Fam.*, 14, 1, 3. 7.

[6]) Cic., *Att.*, 4, 1, 4. *Sest.*, 63, 131. Schol. Bob., p. 308. Cf. Dio C, 46, 11.

[7]) Cic., *Att.*, 4, 1, 5. *Sest.*, 63, 131. *Pis.*, 22, 51 et seq. *de Dom.*, 28, 76. Vell., 2, 45. Liv., *ep.*, 104. App., *b. c.*, 2, 16. Plut., *Cic.*, 33.

[8]) Cic., *Att.*, 4, 1, 5.

[9]) Cic., *Att.*, 4, 1, 5. 6. *Planc.*, 30, 74. Schol. Bob., p. 253. Dio C., 39, 9.

[10]) Cic., *p. red. in Sen.*, 14, 34. *de Dom.*, 5, 11. 6, 14. 7, 17. *ad Quir.*, 8, 18. *Balb.*, 17, 40.

[11]) Ascon., p. 48.

[12]) Cic., *de Dom.*, 5, 10 et seq. 3, 6. *Att.*, 4, 1, 6.

beaucoup sur Pompée, et Pompée de son côté ne demandait qu'à être revêtu d'un pouvoir extraordinaire; Cicéron décida les consuls à convoquer le sénat au Capitole[1]; un grand nombre de consulaires n'osèrent pas y venir[2]; là, Cicéron proposa de s'entendre avec Pompée pour savoir de lui s'il accepterait la direction de l'annone (*cura annonæ*) qui lui serait confiée par un vote du peuple[3]. Pompée fit connaître au sénat ses conditions : il voulait quinze lieutenants. Aussitôt les consuls et le tribun C. Messius préparèrent la loi[4]. La rogation *Messia*, qui répondait bien aux vues ambitieuses de Pompée lui accordait la direction des approvisionnements (*Potestas rei frumentariæ*) dans tout l'empire romain, le droit de puiser dans le trésor, une flotte, une armée; ces pouvoirs devaient durer cinq ans, et constituaient une sorte d'*imperium majus* qui plaçait Pompée au-dessus des gouverneurs de provinces, même de César. Les consuls en présentèrent une autre : *rogatio Cornelia Cæcilia*; elle donnait à Pompée la direction des approvisionnements avec le pouvoir proconsulaire illimité (*infinitum*) pour cinq ans[5]; C. Messius retira la sienne. Il fallait que le parti du sénat fût uni pour combattre Clodius; la loi Clodia avait confié la surveillance des approvisionnements à Sex. Clodius, et pour ce motif Clodius était décidé à combattre les deux propositions[6]. La loi des consuls fut votée, elle ne donnait pas à Pompée tout ce qu'il avait espéré, mais lui assurait encore un pouvoir très étendu, qui rappelait celui que lui avaient conféré les lois Gabinia et Manilia[7]; une grande partie des sénateurs, et probablement Crassus avaient vu de mauvais œil Pompée investi d'un nouveau pouvoir extraordinaire[8].

[1]) Cic., *de Dom.*, 3, 6. Dio C., 39, 9.
[2]) Cic., *de Dom.*, 4, 8. *Att.*, 4, 1, 6.
[3]) Cic., *Att.*, 4, 1, 6. *de Dom.*, 2, 3. 4, 9. 7, 16. Dio C., 39, 9. Plut., *Pomp.*, 49.
[4]) Cic., *Att.*, 4, 1, 7.
[5]) Cic., *Att.*, 4, 1, 7. Cf., *Fam.*, 1, 1, 3.
[6]) Cic., *de Dom.*, 8, 18. 10, 25. Plut., *Pomp.*, 49. Cf. *ad Q. fr.*, 2, 3, 2. *Cæl*, 32, 78.
[7]) Liv., *ep.*, 104. Dio C., 39, 9. Plut., *Pomp.*, 49. App., *b. c.*, 2, 18.
[8]) Cic., *Att.*, 4, 1, 7.

En septembre eurent lieu les élections consulaires[1]. Les élus furent Cn. Cornélius Lentulus Marcellinus[2] et L. Marcius Philippus; C Lentulus était le frère de Publius dont il a été question plus haut[3]; encore jeune il avait soutenu Cicéron dans le procès de Verrès[4]; pendant la guerre des pirates il avait servi sous Pompée en qualité de propréteur[5], devenu préteur en 60 il avait ensuite été gouverneur de la Syrie[6]; L. Marcius Philippus était le fils du consul de 91[7], beau-père de M. Caton[8]; il avait précédé Marcellinus comme gouverneur de la Syrie[9]. Les élections de préteurs eurent lieu probablement aussi en septembre; elles ne furent pas aussi favorables au parti sénatorial; le sénat put compter sur Cn. Domitius Calvinus et Q. Ancharius, qui étaient tribuns en 59 et avaient combattu César; leur ancien collègue C. Alfius Flavus échoua[10]; parmi les préteurs hostiles à ce parti nous trouvons C. Claudius Pulcher, frère de Clodius, et M. Æmilius Scaurus[11].

L'élection des édiles amena de nouveaux conflits. Clodius se présenta comme candidat; pour[12] empêcher son élection, Milon déposa contre lui une accusation pour violence en vertu de la loi Plautia[13]. Mais les tribunaux ne pouvaient être constitués qu'après l'élection des questeurs, les questeurs devant assister le préteur urbain[14], pour tirer au sort les juges sur

1) Cf. Cic., *Har. resp.*, 7, 13. *Att.*, 4, 2, 4.
2) Cf. Cic., *Brut.*, 70, 247.
3) Voir plus haut, page 198.
4) Cic., *Div. in Cæc.*, 4, 13. *in Verr. accus.*, 2, 42, 103. 4, 24, 53.
5) Inscription de Cyrène ap. . Smith and Porcher, *History of the recent discoveries at Cyrene*, 1860-61. London, 1864, p. 93, 109. Cf. *Bulletino dell' instituto di Corr. arch.*, 1874, p. 111.
6) App., *Syr.*, 51.
7) Cic., *Sest.*, 51, 110. Schol. Bob., p. 304.
8) Plut., *Cat. Min.*, 25. 39.
9) App., *Syr.*, 51.
10) Cic., *Sest.*, 53, 113. *Vat.*, 7, 16. 16, 38. Schol. Bob., p. 304. 318. 324. Cf., Cic., *ad Q. fr.*, 2, 3, 6.
11) Dio C., 39, 21. Cic., *Sest.*, 54, 116.
12) Cic., *Sest.*, 55, 118.
13) Cic., *Mil.*, 15, 39. 13, 35. *Har. resp.*, 4, 7. Cf. *Att.*, 4, 3, 2. Dio C., 39, 7.
14) Cic., *Cluent.*, 43, 121.

la liste générale des citoyens qui pouvaient remplir ces fonctions[1]; le consul Métellus, qui s'était rapproché de Clodius, défendit[2] au préteur de recevoir aucune accusation avant l'élection des questeurs et l'organisation des tribunaux; en d'autres termes Clodius ne put être sous le coup d'une accusation au moment des élections pour l'édilité, puisque ces élections précédaient toujours celles des questeurs[3]. Clodius ne put donc être poursuivi; mais Milon trouva le moyen d'empêcher l'élection des édiles, elle n'avait pas encore eu lieu en novembre[4].

Clodius profita du répit que lui avait assuré le consul pour se livrer à de nouvelles violences[5]. Déjà au moment où fut discutée l'administration de l'annone, Clodius prétendit empêcher Cicéron de rentrer en possession de l'emplacement, de sa maison; il rappela que la maison avait été consacrée, et que, sur son emplacement, on avait élevé, avec le concours du pontife L. Pinarius Natta, un temple à la liberté[6]. Clodius espérait qu'un certain nombre de sénateurs le soutiendraient pour marquer leur mécontentement de la proposition faite par Cicéron en faveur de Pompée[7]. Sur la demande de Bibulus, le sénat décida qu'il solliciterait l'avis des pontifes[8]. Cicéron alla plaider sa cause devant le tribunal des pontifes le dernier jour de septembre[9]; il prononça alors son discours de *domo sua*; les pontifes ne donnèrent aucune attention aux premiers arguments de Cicéron; celui-ci voulut prouver que le tribunat de Clodius avait été illégal[10], illégale aussi la loi Clodia *de exilio Ciceronis*[11]; mais ils retinrent les arguments

[1]) Dio C., 39, 7. Cf. Cic., *ad Q. fr.*, 2, 1, 2.
[2]) Cf Cic., *Fam.*, 5, 2, 2.
[3]) Dio C., 39, 7.
[4]) Cic., *Att.*, 4, 3, 3.
[5]) Cic., *Fam.*, 1, 9, 15.
[6]) Cic., *de Dom.*, 20, 51. 38, 102. 40, 105. 41, 108 et seq. 44, 115 et seq., *de Leg.*, 2, 17, 42. Ascon., p. 14. Dio C., 38, 17. Plut., *Cic.*, 33.
[7]) Cic., *de Dom.*, 2, 3. 12, 31. *Att.*, 4, 1, 7.
[8]) Cic., *de Dom.*, 26, 69. *Har. resp.*, 6, 11, *Att.*, 4, 1, 7.
[9]) Cic., *Att.*, 4, 2, 2.
[10]) Cic., *de Dom.*, 13-16.
[11]) Cic., *de Dom.*, 17-37. Erreur dans Dio C., 39, 11.

suivants : dans la loi on ne trouvait pas le mot *consecrare*[1] ; puis la loi n'avait pas chargé Clodius, comme l'exigeait la loi Papiria, de faire lui-même la dédicace d'un temple sur l'emplacement de la maison[2] ; ils décidèrent donc que l'emplacement pouvait être rendu à Cicéron sans qu'il y eût de profanation religieuse[3]. Clodius eut l'audace d'interpréter cette décision en faveur de sa théorie ; dans une assemblée, il alla jusqu'à solliciter le peuple à le soutenir pour sauver la statue de la liberté qu'il avait placée sur la propriété de Cicéron. Le 1er octobre le sénat allait, sur la demande du consul désigné Marcellinus, rendre à Cicéron l'emplacement de sa maison ; le tribun Sex. Atilius opposa son intercession, et demanda la nuit pour réfléchir[4]. Le lendemain le sénatus-consulte fut rendu, on promit même à Cicéron une indemnité pour sa maison et ses villas[5]. On chargea aussi les magistrats d'exercer une surveillance particulière sur les travaux de reconstruction et de protéger les ouvriers contre les violences[6].

Malgré les précautions prises, le 3 novembre Clodius démolit tout ce qui était fait, et mit le feu à la maison voisine de Q. Cicéron[7] ; le 11 novembre il attaqua Cicéron sur la voie sacrée, Cicéron dut prendre la fuite[8] ; le 12 il essaya d'incendier la maison de Milon située sur le Germalus, mais il fut repoussé par Q. Fulvius Flaccus[9]. Le 14 le sénat se réunit ; le consul Métellus proféra des menaces contre la ville, en déclarant qu'il voulait absolument réunir les comices pour l'élection des édiles ; Marcellinus, parlant des faits qui venaient de se produire demanda qu'ils fussent jugés par le peuple réuni en comices ; Sextius déclara qu'il empêcherait la

1) Cic., *de Dom.*, 40, 106 et seq. 50, 128.
2) Cic., *de Dom.*, 49-53.
3) Cic., *Att.*, 4, 2, 3. *Har. resp.*, 6, 12.
4) Cic., *Att.*, 4, 2, 4.
5) Cic., *Att.*, 4, 2, 5. *Har. resp.*, 7, 13. 8, 16. *Pis.*, 22, 52. Phil., 1, 5, 12. Ascon., p. 13. Vell., 2, 45. Dio C., 39, 11. Plut., *Cic.*, 33. App., *b. c.*, 2, 16.
6) Cic., *Har. resp.*, 8, 15.
7) Cic., *Att.*, 4, 3, 2. *Fam.*, 1, 9, 5. *Mil.*, 32, 87.
8) Cic., *Att.*, 4, 3, 3.
9) Cic., *Att.*, 4, 3, 3. Cf. *Mil.*, 14, 38. *Sest.*, 39, 85.

tenue des comices électoraux en observant le ciel[1]. Le sénat prit une décision, il déclara qu'il fallait soumettre[2] tous ces faits à une enquête judiciaire en vertu de la loi Plautia de vi[3]. Les comices électoraux se seraient réunis, mais par trois fois, le 19, le 20, le 23 novembre, Milon les empêcha au moyen de l'obnuntiation[4]. La lutte n'était pas encore finie en décembre. Un des nouveaux tribuns, L. Racilius[5], dévoué à Cicéron, souleva de nouveau la question au sénat; Marcellinus fut d'avis que le préteur urbain seul pouvait constituer les tribunaux sans le concours de questeurs[6], et qu'alors on pourrait réunir les comices pour l'élection des édiles. Les tribuns C. Porcius Cato, et un certain Cassius (pas C. Cassius Longinus) parlèrent contre la proposition de Marcellinus; Marcellinus fut appuyé par le consul désigné Philippus, par Cicéron, et par le tribun C. Antistius Vetus[7]. On ne put voter; pendant que Clodius parlait, il se produisit un grand tumulte devant la curie[8]. Finalement Clodius l'emporta, la majorité du sénat qui voulait se servir de Clodius pour contenir César et Pompée[9], vota une résolution par laquelle elle défendait à Milon de poursuivre Clodius[10]. Les élections d'édiles n'eurent lieu que le 20 janvier 56[11]; Vatinius échoua[12], mais Clodius fut élu[13].

Au sénat Pompée subit un autre échec plus significatif. Le roi d'Egypte Ptolémée Aulète, qui devait son titre à la loi Julia, avait été chassé par ses sujets; il s'était réfugié à Rome

1) Cic., *Att.*, 4, 3, 3.
2) Cf. Cic., *Mil.*, 13, 35.
3) Cic., *Har. resp.*, 8, 15.
4) Cic., *Att.*, 4, 3, 4.
5) Cf. Cic., *Planc.*, 32, 77. Schol. Bob., p. 268.
6) Dans ce passage de Cic., *ad Q. fr.*, 2, 1, 2, Eigenbrod propose de remplacer *ipse per prætorem urbanum* par *ipse prætor urbanus.*
7) Fut questeur de César pendant sa préture, il ne faut donc pas le confondre avec le tribun L. Antistius.
8) Cic., *ad Q. fr.*, 2, 1, 2. 3.
9) Cic., *Har. resp.*, 24, 50. Crassus surtout s'était rapproché de Clodius, cf. Cic., *ad Q. fr.*, 2, 3, 2.
10) Cic., *Sest.*, 44, 95. *Har. resp.*, 24, 50. *Fam.*, 1, 9, 15.
11) Cic., *ad Q. fr.*, 2, 2, 2.
12) Cic., *Sest.*, 53, 114. Vat., 16, 38. Schol. Bob., p. 324.
13) Dio C., 39, 18.

en 57[1]; comptant sur l'appui de César et de Pompée, il s'était logé dans la maison de Pompée[2]. Au moment où l'on discutait la question de l'annone[3], le sénat avait décidé que le consul Lentulus Spinther, chargé de la Cilicie, irait rétablir Ptolémée sur son trône[4]. Il paraît que Crassus se prononça contre le rétablissement de Ptolémée[5]; Cicéron saisit l'occasion de témoigner sa reconnaissance à Lentulus; il prononça alors le discours de *Alexandrino rege*[6], aujourd'hui perdu; nous savons qu'il y était question d'une guerre[7] à engager contre les habitants d'Alexandrie; par conséquent ce discours dut être prononcé à l'époque dont nous parlons, et non après la conférence de Lucques. Quand on connut la résolution du sénat, une députation d'habitants d'Alexandrie vint à Rome pour essayer d'empêcher l'exécution de la décision prise; Ptolémée alla trouver les délégués, il gagna les uns à prix d'or, il fit égorger les autres[8]. On savait que plusieurs sénateurs s'étaient vendus à Ptolémée[9]; M. Favonius, devenu le chef de l'opposition dirigée contre Pompée, depuis le départ de M. Caton[10], porta l'affaire au sénat, mais n'obtint rien[11]; Lentulus Spinther, très ambitieux — il en donna une preuve en faisant donner l'augurat à son fils encore très jeune[12], — s'opposa à ce que la question fût de nouveau mise en discussion. Ce fut encore dans l'intérêt de Lentulus que Cicéron entreprit la défense de P. Asicius[13]; Asicius était

1) Dio C., 39, 12. Strab., 17, 1, 11. Cic., *Rab. Post.*, 2, 4. *Cæl.*, 8, 18. Liv., *ep.*, 104. Plut., *Cat. min.*, 35.
2) Dio C., 39, 12.
3) Cf. Plut., *Pomp.*, 49.
4) Dio C., 39, 12. Cic., *Fam.*, 1, 1, 3. *Pis.*, 21, 50. *Rab. Post*, 3, 6. 8, 21. Schol. Bob., p. 313. Plut., *Pomp.*, 49.
5) Cf. Schol. Bob., p. 349 et seq.
6) Cic., *Fragm.*, p. 952. Halm.
7) Schol. Bob., p. 351.
8) Dio C., 39, 13. Cic., *Har. resp.*, 16, 34.
9) Cic., *Rab. Post.*, 2, 4. 3, 6. *Fam.*, 1, 1, 1.
10) Cic., *Att.*, 4, 1, 7. Cf. *ad Q. fr.*, 2, 3, 2.
11) Dio C., 39, 14. Cic., *Fam.*, 1, 1, 4.
12) Dio C., 39, 17. Cf., Cic., *Sest.*, 69, 144. *Fam.*. 7, 26, 2. Schol. Bob. p. 313.
13) Cic., *Cæl.*, 10, 23. 21, 51 et seq. Cf. Tac., *Dial.*, 21.

accusé d'avoir mis à mort Dion, le plus illustre des ambassadeurs alexandrins[1].

Un des nouveaux tribuns, C. Porcius Caton, prit parti dès son entrée en charge contre Ptolémée et Lentulus[2]; il n'avait pas en vue la défense des intérêts de Pompée, il agissait au nom de ceux qui s'opposaient au rétablissement de Ptolémée; il devait être l'instrument de Crassus qui visait surtout Pompée[3]. Pompée était absent[4], aussi Ptolémée[5] qui s'était rendu à Ephèse[6]; Ammonius qui le représentait à Rome essaya de gagner les sénateurs et de faire confier à Pompée la conduite de la campagne pour le rétablissement de Ptolémée[7]. Au commencement de janvier 56 il arriva ceci : à la suite de certains prodiges on consulta les livres sibyllins; ils donnèrent une réponse favorable au parti de Caton. Rome devait entretenir des relations d'amitié avec le roi d'Égypte, mais elle ne devait pas recourir aux armes pour le rétablir; sans demander l'autorisation au sénat, C. Caton fit connaître au peuple cette réponse dans une assemblée[8].

On discuta l'affaire au sénat en janvier 56; on eut bientôt la conviction que Pompée désirait vivement être chargé de l'entreprise; il venait rarement au sénat[9], et paraissait agir en faveur de Lentulus[10], il n'ambitionnait pas moins l'honneur de ramener Ptolémée en Égypte[11]. Ceux qui recevaient les confidences de Ptolémée, surent bientôt aussi que Ptolémée préférait Pompée à tout autre[12]; le tribun A. Plautius lut même dans une assemblée une lettre de Ptolémée où ce dernier l'avouait sans détour[13]. La première délibération du sénat

1) Dio C., 39, 14.
2) Fenes tella ap. Non. Marc., p. 261 G.
3) Cic., *ad Q. fr.*, 2, 3, 3.
4) Cic., *ad Q. fr.*, 2, 1, 1.
5) Fenes tella ap. Non. Marc., p. 261 G.
6) Dio C., 39, 16.
7) Cic., *Fam.*, 1, 1, 1.
8) Dio C., 39, 15. Schol. Bob., p. 313. Cic., *Fam.*, 1, 4, 2.
9) Cic., *Fam.*, 1, 7, 3.
10) Cic., *Fam.*, 1, 1, 2. 1, 2, 3.
11) Cic., *Fam.*, 1, 1, 3. 1, 2, 3.
12) Cic., *ad Q. fr.*, 2, 2, 3. Cf. Plut., *Pomp.*, 49.
13) Dio C., 39, 16.

dont nous puissions certifier, eut lieu le 12 janvier. Hortensius, Cicéron et M. Lucullus déposèrent une proposition portant que Lentulus rétablirait Ptolémée sans armée; Crassus fut d'avis qu'il fallait en charger trois légats, qui seraient choisis parmi les magistrats ayant des pouvoirs, Pompée pourrait donc en faire partie; M. Bibulus partagea l'opinion de Crassus, mais ajouta qu'il voulait voir choisir les trois légats parmi les citoyens sans emploi; P. Servilius Vatia Isauricus parla pour conseiller de différer l'entreprise; L. Volcatius et L. Afranius, s'appuyant sur le rapport fait par le tribun P. Rutilius Lupus, furent d'avis qu'il fallait au contraire remettre l'affaire aux mains de Pompée; les sénateurs du parti pompéien l'appuyèrent avec énergie; mais les ennemis de Pompée ne furent plus même d'avis qu'il fallait y envoyer Lentulus; ils en voulaient à ce dernier d'avoir fait aboutir la loi qui avait confié l'annone à Pompée [1]. On continua la discussion le 13 sans résultat; toute la séance fut occupée par les discours de Marcellinus et du tribun L. Caninius Gallus [2] qui défendait Pompée. On devait en finir dans la séance du 14 : on accepta la première partie de la proposition de Bibulus, portant qu'il serait dangereux pour l'État d'envoyer une armée en Égypte [3]; on ne put aller plus loin; il s'éleva une violente discussion sur l'ordre des articles à voter entre les consuls et le tribun P. Rutilius Lupus [4]. Le sénat prit ensuite une décision par laquelle il défendait aux tribuns de porter la question devant le peuple, mais elle ne put avoir de sanction, parce que les tribuns C. Cato et L. Caninius opposèrent leur intercession [5]. Le 15 janvier, on ne put encore rien trancher; le moment pour l'élection des édiles et des questeurs était arrivé; en février on devait recevoir les ambassadeurs, on profita de ces circonstances pour renvoyer l'affaire indéfiniment [6].

C. Cato et L. Caninius avait promis de ne faire aucune

[1]) Cic., *Fam.*, 1, 1, 3.
[2]) Cic., *Fam.*, 1, 2, 1.
[3]) Cic., *ad Q. fr.* 2, 2, 3. Cf. *Fam.*, 1, 5 B, 1. 1, 7, 4. Dio C., 39, 15.
[4]) Cic., *Fam.*, 1, 2, 2. Cf. 1, 1, 3.
[5]) Cic., *Fam.*, 1, 2, 4.
[6]) Cic., *Fam.*, 1, 4, 1. *ad Q. fr.*, 2, 2, 3. Dio C., 39, 16.

proposition au peuple avant les comices[1]; aussitôt après, au commencement de février, ils proposèrent la rogation *Porcia*, et la rogation *Caninia*. La première demandait que Lentulus fût privé de tout commandement[2]; la seconde chargeait Pompée de rétablir Ptolémée avec deux licteurs, c'est-à-dire dans un appareil pacifique[3]. En avril, les deux propositions n'étaient pas encore votées; Marcellinus refusait de convoquer les comices aux jours où ces assemblées pouvaient se réunir[4], et L. Racilius le soutenait dans son opposition[5]. L'affaire fut reportée au sénat par L. Caninius ; le sénat décida simplement que personne ne serait chargé de rétablir Ptolémée; mais cette résolution n'eut pas encore de caractère légal parce qu'il y eut intercession[6]. Rien ne pouvait être décidé tant que le peuple n'aurait pas manifesté sa volonté[7]. En mai, Cicéron fit connaître à Lentulus l'avis de Pompée ; il lui donna le conseil d'aller à Alexandrie en vertu du sénatus-consulte qui n'avait pas été rapporté[8], de maintenir l'ordre dans Alexandrie au moyen de la force armée, et de rétablir ensuite Ptolémée sans se servir de l'armée. Mais Lentulus fut assez avisé pour considérer l'adoption du premier article de la proposition Bibulus comme une condamnation de l'ancien sénatus-consulte[9].

Pompée avait pu se convaincre pendant les discussions de janvier qu'il avait peu de sympathie dans le sénat[10]; il apprit bientôt que sa réputation était aussi fort compromise auprès du peuple. Clodius était à peine édile qu'il accusa Milon devant le peuple pour actes de violence[11]. Cette forme d'accusation

1) Cic., *Fam.*, 1, 4, 1.
2) Cic., *ad Q. fr.*, 2, 3, 1. 4. *Fam.*, 1, 5 A, 2. 1, 5 B, 2. Cf. *Sest.*, 69, 144. Schol. Bob., p. 313.
3) Cic., *ad Q. fr.*, 2, 2, 3. Plut., *Pomp.* 49. Cf. Cic., *Fam.*, 1, 7, 3; *ad Q. fr.*, 2, 6, 5.
4) Cic., *ad Q. fr.*, 2, 6, 4.
5) Cic., *Fam.*, 1, 7, 2. *ad Q. fr.*, 2, 6, 5. *Planc.*, 32, 77.
6) Cic., *Fam.*, 1, 7, 4. Cf. Plut., *Pomp.*, 49.
7) Dio C., 39, 55. 56.
8) Cic., *Fam.*, 1, 7, 4.
9) Cic., *Pis.*, 31, 50.
10) Cf. Cic., *ad Q. fr.*, 2, 6, 5.
11) Dio C., 39, 18. Cic., *Sest.*, 44, 95. *Vat.*, 17, 41. Schol. Bob., p. 288.

était surannée[1]; elle amena des scènes scandaleuses pendant les trois journées qui furent choisies par Clodius pour l'enquête publique ; on craignait que le peuple ne voulût pas recevoir l'accusation, alors C. Cato prépara un décret en vertu duquel Milon serait jugé par un tribunal extraordinaire[2]. Le premier jour de l'enquête, le 2 février, Clodius dut attaquer tous ceux qui avaient coopéré au retour de Cicéron, surtout Q. Métellus Népos[3]; M. Clodius Marcellus prit la défense de Milon qui s'était présenté accompagné de Pompée[4] ; P. Vatinius déposa comme témoin contre Milon[5]. On reprit l'enquête le 6 février; dans l'intervalle Clodius avait déployé une grande activité au sénat pour empêcher le partage des attributions entre les questeurs et le partage des provinces entre les préteurs[6] ; il avait même gagné un tribun qui fit opposition quand on voulut approuver la loi curiate pour les préteurs[7]. Le 6 février, Pompée prit la parole pour défendre Milon; il fut continuellement interrompu, insulté, et put à peine finir son discours. Clodius se leva ensuite; les partisans de Milon voulurent l'empêcher de parler; mais il réussit à jeter au peuple des questions pleines de haine comme celles-ci : Qui fait mourir le peuple de faim? Qui désire aller à Alexandrie? Et le peuple répondit, Pompée, Pompée! Ce jour-là il y eut un véritable combat entre les partisans de Clodius et ceux de Milon[8]. Les 8 et 9 février le sénat se réunit; on discuta, en présence de Pompée, les incidents qui venaient de se produire, et on conclut que les faits du 6 février portaient at-

1) Au dernier siècle avant J.-C., nous ne voyons jamais les édiles produire d'accusation devant le peuple ; les procès qu'ils auraient pu faire, relevaient alors de la procédure civile, ou on les jugeait au moyen de tribunaux extraordinaires. Clodius employa l'ancienne formule de la *diei dictio*, et fit faire l'enquête (*anquirere* pour *amb-quirere*) contradictoire selon la coutume ancienne. [N. D. T.]

2) Cic., *ad Q. fr.*, 2, 3, 4.

3) Cic., *Fam.*, 5, 3, 1.

4) Cic., *ad Q. fr.*, 2, 3, 1.

5) Cic., *Vat.*, 17, 40. Schol. Bob., p. 324.

6) Cic., *ad Q. fr.*, 2, 3, 1.

7) Dio C., 39, 19. Cf. *Har. resp.*, 26, 55.

8) Cic., *ad Q. fr.*, 2, 3, 2. *Fam.*, 1, 5, 1. *Mil.*, 15, 40. 25, 68. Ascon., p. 49. Dio C., 39, 19. Plut., *Pomp.*, 48. Cf. Cic. *Sest.*, 49, 104.

teinte aux intérêts de l'État; pendant les débats C. Caton dirigea contre Pompée des insinuations significatives[1]; après la séance Pompée fit part de ses impressions à Cicéron : il était persuadé que l'auteur de ces attaques devait être Crassus; pour se défendre il allait faire venir des bandes dévouées du Picenum et de la Gaule[2]. Le 10 février Pompée prit l'offensive et fit adopter par le sénat une résolution énergique : les associations formées par Clodius seraient dissoutes; ceux qui feraient opposition seraient poursuivis en vertu de la loi Plautia de vi[3]. Le troisième jour de l'enquête, le 17 février, se passa sans incident[4]. Clodius fixa le jour où le peuple rendrait son jugement, il avait choisi le 7 mai[5], un jour faste; en vertu de sa loi Clodia, le peuple pouvait ce jour-là rendre la justice. Les deux rogations *Porcia de Milone* et *de Lentulo* furent écartées par Marcellinus et L. Racilius[6].

Pompée s'étonnait avec raison de voir sa popularité diminuer; depuis le mois de décembre il travaillait avec la plus grande activité à assurer les approvisionnements[7]. Il avait envoyé ses lieutenants (parmi eux nous trouvons Q. Cicéron[8]) dans toutes les provinces de l'empire; il fit lui-même de nombreux voyages; il dressa avec beaucoup de soins la liste de ceux qui devaient recevoir du blé gratuitement[9]. Le travail avait été rendu plus difficile par Sex. Clodius; pendant qu'il était chargé de l'annone, Clodius avait fait incendier les Ædes nympharum où était déposée la liste des pauvres; Clodius avait agi ainsi pour avoir l'occasion de dresser une nouvelle liste, plus étendue que l'ancienne[10].

Pompée fut profondément affecté de voir le peuple s'éloigner de lui et le sénat lui déclarer la guerre; tous ces coups lui

[1]) Cic., *ad Q. fr.*, 2, 3, 3. *Fam.*, 1, 5, 1.
[2]) Cic., *ad Q. fr.*, 2, 3, 4.
[3]) Cic., *ad Q. fr.*, 2, 3, 5.
[4]) Cic., *ad Q. fr.*, 2, 3, 2.
[5]) Cic., *ad Q. fr.*, 2, 7.
[6]) Cic., *ad Q. fr.*, 2, 6, 4 et seq.
[7]) Plut., *Pomp.* 50. Zon., 10, 5. App., *b. c.*, 2, 18.
[8]) Cic., *Scaur.*, 2, 39. *ad Q. fr.*, 2, 2, 1. 2, 6, 2. *Fam.*, 1, 9, 9.
[9]) Dio C., 39, 24.
[10]) Cic., *Cæl.*, 32, 78. *Mil.*, 27, 73. *Parad.*, 4, 2, 31.

venaient de Crassus[1]. Il comprit qu'il ne pouvait compter sur personne, pas même sur Cicéron. Aussi, sur les conseils de Vatinius et de Clodius, M. Tullius Albinovanus attaqua P. Sestius le 10 février, en vertu de la loi Plautia de vi[2]. Le lendemain Cicéron défendit L. Calpurnius Bestia accusé d'avoir employé la brigue pour arriver à la préture[3]; il profita de l'occasion pour faire une allusion bienveillante à l'affaire de Sestius[4]. Quand le procès de Sestius arriva en mars au tribunal du préteur M. Æmilius Scaurus[5], Hortensius, Crassus et C. Licinius Calvus, fils de C. Licinius Macer, parlèrent en sa faveur[6]; puis Cicéron prononça son fameux *pro Sestio*, où s'étale son orgueil. Dans ce discours ce qui déplut à Pompée, ce ne fut pas la défense de Sestius, puisque Pompée était venu témoigner en faveur de l'accusé[7]; ce ne fut pas non plus la manière dont Cicéron parla de son exil et de son retour; ce qui blessa Pompée, ce fut l'accusation lancée contre Vatinius au moment de l'interrogatoire, contre Vatinius qui avait tant travaillé pour faire voter les lois Juliæ et faire approuver les actes de Pompée[8].

Sestius fut acquitté le 11 ou le 14 mars à l'unanimité[9]; un pareil succès donna tant de confiance au parti sénatorial qu'il osa reparler du partage de l'ager companus. Au mois de décembre de l'année précédente le tribun P. Rutilius Lupus avait soulevé la question au sénat, et en avait profité pour attaquer César et Pompée; mais il n'avait rien proposé, et Marcellinus, alors consul désigné, avait déclaré qu'il n'était pas convenable de délibérer sur ce sujet en l'absence de Pompée[10]. Le 5 avril il fallut compter à Pompée 40 millions de sesterces pour les dépenses de l'annone; à ce sujet on rappela la perte qu'avait

1) Cic., *ad Q. fr.*, 2, 3, 4. Cf., 2, 6, 5.
2) Cic., *ad Q. fr.*, 2, 3, 5. *Vat.*, 1, 3. 17, 41. Schol. Bob., p. 292.
3) Cic., *Cæl.*, 11, 26. *Phil.*, 11, 5, 11.
4) Cic., *ad Q. fr.*, 2, 3, 6.
5) Cic., *Sest.*, 47, 101. 54, 116.
6) Cic., *Sest.*, 2, 3. Schol. Bob., p. 292. Cf. Cic., *ad Q. fr.*, 2, 4, 1.
7) Cic., *Fam.*, 1, 9, 7.
8) Cic., *ad Q. fr.*, 2, 4, 1. *Fam.*, 1, 9, 7.
9) Cic., *ad Q. fr.*, 2, 4, 1.
10) Cic., *ad Q. fr.*, 2, 1, 1.

subie le trésor par suite de l'aliénation de l'ager campanus[1]; sur la demande de Cicéron, on mit la question à l'ordre du jour du 15 mai, on devait la traiter à fond[2]. On attaquait donc un des actes de 59 qui tenait le plus au cœur de Pompée, parce que ses soldats avaient trouvé là une riche récompense; il se décida à mettre à exécution un projet formé depuis longtemps : avoir une entrevue avec César pour discuter avec lui les questions générales de la politique romaine. Le moment n'était pas trop favorable pour Pompée; au moment où il marchait d'accord avec le sénat, il avait laissé entrevoir le dépit que lui causaient les victoires de César, et même avait laissé comprendre qu'il serait heureux de le voir remplacé[3]; en ce moment même Pompée était brouillé de plus en plus avec le sénat; le sénat lui donnait une nouvelle preuve de ses dispositions en acquittant Sex. Clodius; Milon l'avait poursuivi pour actes de violence et la culpabilité n'était pas douteuse[4]. Brouillé avec Crassus, Pompée comprit qu'il ne pouvait plus tenir tête à l'anarchie. A ce moment, d'ailleurs, César était l'objet de rogations qui ne nous sont pas connues; Cicéron les qualifie de monstrueuses (*monstra*)[5], Marcellinus les fit écarter comme il avait fait de celles de C. Porcius Cato.

[1]) Cic., *ad Q. fr.*, 2, 5, 1.
[2]) Cic., *Fam.*, 1, 9, 8.
[3]) Dio C, 39, 15.
[4]) Cic., *ad Q. fr.*, 2, 6, 6. *Cæl.*, 32, 78.
[5]) Cic., *ad Q. fr.*, 2, 6, 5.

CHAPITRE SEIZIÈME

LA CONFÉRENCE DE LUCQUES, LE SECOND CONSULAT DE POMPÉE ET DE CRASSUS.

La situation de César par rapport à Pompée et à Crassus s'était dessinée, elle était beaucoup plus nette qu'à l'époque du consulat. Après le départ de Cicéron pour l'exil, il s'était rendu en toute hâte dans sa province[1], et avait déployé un génie militaire que n'avait guère fait pressentir son ancienne campagne de Lusitanie[2]. Prenant la défense des tribus gauloises alliées de Rome, il avait chassé de la Gaule les Helvètes et le roi germanique Arioviste[3]. L'année suivante, en 57, il avait combattu les tribus belges du nord-est de la Gaule; il venait de remporter sur les Nerviens une éclatante et décisive victoire[4].

Ces succès étaient si brillants que, peu après le retour de Cicéron[5], le sénat vota en l'honneur de César des actions de grâces qui devaient durer 15 jours; jamais on n'avait accordé des actions de grâces aussi longues, pas même en l'honneur de Pompée[6]. César avait à Rome, dans le sénat, des ennemis personnels qui poussaient la haine jusqu'à désirer sa mort[7];

1) Cæs., *B. G.*, 1, 6. 7. Plut., *Cæs.*, 14. 17.

2) Plut., *Cæs*, 15 et seq. Vell., 2, 46. Suet., *Cæs.*, 25. Flor., 3, 10. Eutr., 6, 17.

3) Cæs., *B. G.*, 1, 7-54. Liv., *ep.*, 103. 104. Oros., 6, 7. Front., *Strat.*, 1, 11, 3. 2, 1, 16. Dio C., 38, 31-50. Plut., *Cæs.*, 18. 19. App., *Celt.*, 1. 15-17. Zon., 10, 6.

4) Cæs., *B. G.*, 2, 1-35. Liv., *ep.*, 104. Oros., 6, 7. Dio C., 39, 1-4. Plut., *Cæs.*, 20. App., *Celt.*, 1. Cic., *Prov. cons.*, 13, 33.

5) Cic., *Prov. cons.*, 11, 26. *Balb.*, 27, 61. Cf. Cic., *Fam.*, 1, 9, 14.

6) Cæs., *B. G.*, 2, 35. Cic., *Prov. cons.*, 10, 25 et seq. *Pis.*, 25, 59. 19, 45. *Balb.*, 27, 61. Suet., *Cæs.*, 24. Dio C., 39, 5. Plut. *Cæs.*, 21.

7) Cæs., *B. G.*, 1, 44.

mais pendant l'hiver de 58-57, qu'il avait passé dans la Gaule cisalpine[1], il avait su exciter le zèle de ses partisans, en leur rendant des services pécuniaires, en prenant sous sa protection ceux qui voulaient bien se donner à lui[2]. Ce fut bien pis encore pendant l'hiver de 57-56; il vint d'abord en Illyrie[3], puis dans la Gaule cisalpine, séjourna à Aquilée[4], à Ravenne[5], et enfin à Lucques. A Ravenne il avait vu Crassus; Crassus s'était plaint de Pompée et de Cicéron[6], avec qui il ne s'était réconcilié que pour la forme[7]. A Lucques, il reçut 200 sénateurs, et un grand nombre de magistrats; on vit à Lucques jusqu'à 120 faisceaux[8]; parmi ces magistrats se trouvaient Q. Métellus Népos[9], qui allait prendre le gouvernement de l'Espagne, l'ancien préteur Appius Claudius[10], qui allait en Sardaigne, enfin Pompée; il était parti de Rome le 11 avril, donc peu de temps après le vote du sénatus-consulte de agro campano; le prétexte de son voyage était d'aller en Sardaigne où l'appelaient ses fonctions de directeur de l'annone, il faisait un simple détour pour venir passer à Lucques[11].

La conférence fut secrète, mais elle eut un résultat immédiat: devant César Pompée et Crassus se réconcilièrent, on forma un nouveau plan de politique générale. César avait intérêt à ce que son plus dangereux adversaire, L. Domitius Ahenobarbus, n'arrivât pas au consulat[12], car son premier acte eût été de classer les deux provinces de Gaule parmi les provinces prétoriennes pour 54, et de les enlever à César; il fut alors décidé que Pompée et Crassus prendraient le consulat pour l'année 55. Pompée espérait reconquérir par le consulat son

1) Cæs., *B. G.*, 1, 54. 2, 1.
2) Plut., *Cæs.*, 20. Zon., 10, 6. Suet., *Cæs.*, 23.
3) Cæs., *B. G.*, 2, 35. 3, 7.
4) Cic., *Vat.*, 16, 38. Schol. Bob., p. 324.
5) Cic., *Fam.*, 1, 9, 9.
6) Cic., *Fam.*, 1, 9, 9.
7) Plut., *Cic.*, 33. *Crass.*, 13. Cf. Dio C., 39, 10.
8) Plut., *Cæs.*, 21. *Pomp.*, 51. App., *b. c.*, 2, 17. Zon., 10, 6.
9) Cf. Cic., *Fam.*, 5, 3. Dio C., 39, 54.
10) Cf. Cic., *ad Q. fr.*, 2, 6, 6.
11) Cic., *ad Q. fr*, 2, 6, 2. Fam., 1, 9, 9.
12) Suet., *Cæs.*, 24.

ancien prestige[1]; Crassus espérait se faire donner une province qui lui permettrait de faire briller ses talents militaires éclipsés par ceux de Pompée et surtout par ceux de César. César s'engagea à assurer leur élection en donnant de nombreux congés à ses soldats au commencement de l'hiver; les comices devraient être retardés jusqu'à cette époque; de leur côté Pompée et Crassus devraient faire en sorte pendant leur consulat que les provinces de César lui fussent conservées pour cinq nouvelles années[2]; Crassus avait encore pour mission de ramener Clodius sous la main de Pompée[3], et Pompée devait rappeler à Cicéron[4] les engagements qu'il avait pris envers César par l'intermédiaire de son frère Quintus avant son retour de l'exil[5].

A Rome la lutte continuait entre Cicéron et Clodius. Peu de temps après l'acquittement de Sex. Clodius[6], mais avant le 11 avril, puisque ce jour-là Cicéron était parti pour un voyage[7], le grand orateur présenta la défense de M. Cælius Rufus; c'était au moment des grands jeux[8]. Rufus avait été accusé de violence en vertu de la loi Plautia[9], à l'instigation de Clodius et de sa sœur, la trop célèbre veuve de Q. Métellus Céler, pour des motifs personnels; le principal prétexte avait été fourni par l'affaire des députés alexandrins[10]; Rufus fut cité devant le tribunal extraordinaire du préteur Cn. Domitius Calvinus[11], qui avait été organisé sur la demande de M. Æmilius Scaurus. En défendant son client (Crassus aussi le défendit)[12], Cicéron ne manqua pas de lancer

1) Cf. Dio C., 39, 24-26. Dio C. ne mentionne pas la conférence de Lucques.
2) Plut., *Cæs.*, 24. *Pomp.*, 51. *Crass.*, 14. *Cat. min.*, 41. App., *b. c.*, 2, 17.
3) Cf. Cic., *Har. resp.*, 24, 51. *Mil.*, 8, 21. 29, 79. 32, 88.
4) Cic, *ad Q. fr.*, 2, 6, 2. *Fam.*, 1, 9, 9.
5) Cic., *Fam.*, 1, 9, 9. 1, 9, 12. Cf. *ad Q. fr.*, 2, 3, 7. *Prov. cons.*, 18, 43.
6) Cic., *Cæl.*, 32, 78.
7) Cic., *ad. Q. fr.*, 2, 71. Cf. 2, 6, 2.
8) Cic., *Cæl.*, 1, 1.
9) Cic., *Cæl.*, 1, 29, 70.
10) Cic., *Cæl.*, 10, 23.
11) Cic., *Cæl.*, 13, 32. Cf. *ad Q. fr.*, 2, 3, 6.
12) Cic., *Cæl.*, 8, 18. 10, 23.

de cruelles injures à Clodius et à sa sœur[1]. Clodius, qui venait de présider les grands jeux en qualité d'édile, et qui avait provoqué des désordres en y admettant des esclaves[2], se vengea de Cicéron, en utilisant contre lui une déclaration que venaient de faire les aruspices au sujet de certains prodiges; la déclaration était tout aristocratique, Clodius s'en servit quand même. Les aruspices avaient déclaré que les dieux étaient particulièrement irrités contre Rome, parce que l'on avait profané des lieux sacrés (*loca sacra*)[3]. Dans une assemblée Clodius interpréta la réponse des aruspices; ils avaient fait allusion à la reconstruction de la maison de Cicéron[4]; en qualité d'édile Clodius avait la surveillance des lieux sacrés, son interprétation prenait donc un caractère officiel. Cicéron revint le 6 mai[5] pour défendre Milon devant le peuple dans le cas où Clodius maintiendrait son accusation, mais elle fut abandonnée; il saisit l'occasion d'une délibération sur certaines exigences des publicains pour attaquer de nouveau Clodius avec violence. Clodius menaça Cicéron d'un procès pareil à celui qu'il avait dirigé contre Milon (*diei dictio*)[6]; le lendemain quand les consuls eurent fait leur rapport sur la déclaration des aruspices — ne pas confondre avec le rapport de locis sacris[7] — Cicéron prononça le discours *de haruspicum responso*[8]; il s'efforça de prouver que les dieux avaient plutôt à venger les impiétés dont Clodius et ses partisans s'étaient rendus coupables[9]. Clodius ne fut guère ébranlé par ces paroles; sans tenir compte des décrets répétés par lesquels le sénat défendait de toucher à la maison de Cicéron[10], encouragé par sa réconciliation avec Pompée[11],

[1]) Cic., *Cæl.*, 11, 27. 13 et seq. 32, 78.
[2]) Cic., *Har. resp.*, 11, 22 et seq.
[3]) Cic., *Har. resp.*, 5, 8 et seq.
[4]) Cic., *Har. resp.*, 5, 9. Dio C., 39, 70.
[5]) Cic., *ad Q. fr.*, 2, 7, 1.
[6]) Cic., *Har. resp.*, 4, 7.
[7]) Cic., *Har. resp.*, 5, 10. 6, 11.
[8]) Cic., *Har. resp.*, 1, 1. 4, 7. Cf. Ascon., p. 69. 70.
[9]) Cic., *Har. resp.*, 11, 22. 14, 30 et seq. 16, 34 et seq. 17, 37 et seq.
[10]) Cic., *Har. resp.*, 8, 15.
[11]) Cic., *Har. resp.*, 24, 51.

Clodius vint de nouveau essayer de démolir les nouvelles construction ; Milon le repoussa [1].

Quand Cicéron prononça son discours sur les aruspices, il n'avait encore rien reçu [2] de son frère Quintus, chargé par Pompée de lui rappeler ses engagements à l'égard de César [3]; pendant son voyage du 11 avril au 6 mai il avait la plus haute idée de sa situation personnelle dans l'État [4]; ce fut alors qu'il écrivit sa fameuse lettre à l'historien L. Lucceius [5] pour le prier de célèbrer ses hauts faits et ses souffrances [6]. Quintus ne lui avait pas encore écrit. Mais le 15 mai on remarque que Cicéron a reçu l'avertissement dont il avait été question à Lucques [7]; ce jour-là on devait discuter — Cicéron l'avait lui-même demandé — la question de l'ager campanus; or Cicéron se retira à Antium et fut heureux d'apprendre que la discussion avait été abandonnée [8]. Nous le voyons ensuite faire du zèle [9] : il contribua pour sa part à faire voter par le sénat deux résolutions en faveur de César : on lui accordait 10 lieutenants, ce qui ne se faisait jamais que pour les généraux chargés de fonder une nouvelle province ; le trésor se chargeait de payer la solde [10] de quatre légions, que César avait levées de sa propre autorité en grande partie chez les Transpadans de droit latin [11]. La conduite des sénateurs prêtait à rire : ils rendaient à César aux frais du trésor l'argent qu'il leur avait distribué pour les acheter [12]. Il était du reste assez naturel que l'État payât lui-même les frais de l'entreprise qui allait lui donner le coup de mort. César marchait droit en avant; les aruspices l'avaient prédit : les divisions des opti-

[1]) Dio C., 39, 20.
[2]) Cf. Cic., *Har. resp.*, 24, 52.
[3]) Cic., *Fam.*, 1, 9, 9.
[4]) Cf. Cic., *Har. resp.*, 8, 17.
[5]) Cic., *Fam.*, 5, 12.
[6]) Cf. Cic., *ad Q. fr.*, 2, 6, 2. *ad Att.*, 4, 6, 4. 4, 9, 2. 4, 11, 2.
[7]) Cic., *Fam.*, 1, 9, 10.
[8]) Cic., *ad Q., fr.*, 2, 8, 1. 2.
[9]) Cf. Cic., *Fam* , 1, 7, 7. 1, 9, 10. *Att.*, 4, 5.
[10]) Cic., *Prov. cons.*, 11, 28. *Fam.*, 1, 7, 10. *Balb.*, 27, 61. Dio C., 39, 25.
[11]) Cæs., *B. G.*, 1, 10. 2, 2.
[12]) Plut., *Cæs.*, 21.

mates devaient amener la chute de la république et la tyrannie d'un dictateur[1].

Les optimates regrettaient amèrement les avantages nouveaux accordés à César; ils résolurent de préparer sa chute quand on discuta les provinces qui seraient données aux consuls non encore élus de 55 [2]. Cicéron prononça à ce sujet son discours *de provinciis consularibus* après les ides de mai [3], ou plutôt au commencement de juin; la discussion dut être présidée par Philippus[4], et Philippus n'eut les faisceaux qu'en juin, Marcellinus les ayant eus en janvier. On comprit alors l'importance de la loi Vatinia qui avait donné à César la Gaule cisalpine jusqu'au 1er mars 54. On pouvait lui enlever la Gaule narbonnaise, province qui lui avait été donnée en plus par le sénat; mais un consulaire ne pouvait pas prendre possession de la Narbonnaise tant que César resterait maître de la Cisalpine et qu'il l'occuperait avec ses légions; quant à la Cisalpine on ne pouvait la lui enlever qu'au 1er mars 54; le consul de 55 à qui elle serait donnée se trouverait sans province pendant les deux mois de janvier et février[5], ce qui était contraire à la loi Cornélia. P. Servilius Vatia Isauricus proposa de donner aux consuls de 55[6] les provinces de Macédoine et de Syrie qui seraient retirées à Gabinius et à Piso ; en défendant cette proposition, raisonnable d'ailleurs, Cicéron ne fut pas encore soupçonné d'avoir des préférences pour César[7], on crut qu'il se vengeait de ses ennemis Gabinius et Piso. Ces deux personnages s'étaient du reste tellement compromis[8] qu'il avait déjà été question en 57 de donner leurs provinces aux consuls de 56[9]; Gabinius avait demandé ensuite des actions de grâce en son honneur, on les avait refusés le

1) Cic., *Har. resp.*, 19, 40. 25, 54. 27, 60.
2) Cic., *Prov. cons.*, 2, 3. 7, 17. 15, 36.
3) Cic , *Prov. cons.*, 6, 14. 7, 15. Cf. avec *ad Q. fr.*, 2, 8, 1.
4) Cic., *Prov. cons.*, 9, 21.
5) Cic., *Prov. cons.*, 15, 36.
6) Cic., *Prov. cons.*, 1, 1.
7) Cic., *Prov. cons.*, 8, 18 et seq. 17, 40 et seq.
8) Cic., *Prov. cons.*, 2, 4 et seq. 4, 9 et seq. *Pis.*, 16, 37. 17, 41. *Sest.*, 33, 71. 43, 93.
9) Cic., *Prov. cons.*, 6, 13.

15 mai 56[1]; Piso n'avait même pas osé demander un pareil honneur[2]. Cicéron appuya donc la proposition de Servilius; il ajouta même que pour enlever de suite les provinces à leurs gouverneurs actuels, il serait préférable de classer les deux provinces parmi les provinces prétoriennes[3]. Le résultat de la discussion fut que César conserva ses provinces[4], la Macédoine devint province prétorienne[5], et dès 55 on lui donna un nouveau gouverneur Q. Ancharius[6], qui remplaça Piso; la Syrie[7] et probablement l'Espagne ultérieure furent réservées pour les consuls de 55.

L'époque des comices consulaires approchait, ils devaient avoir lieu en juillet; ni Pompée ni Crassus n'avaient encore posé leur candidature[8]. Leur intention était de faire renvoyer les comices à la fin de l'année; le tribun C. Porcius Caton[9] se chargea de l'affaire; en avril il avait déclaré que si Marcellinus ne voulait pas cesser son opposition, il empêcherait la tenue des comices jusqu'à la fin de l'année[10]. Or Caton n'était pas un ami de Pompée, ce fut donc Crassus qui le décida à poursuivre sa campagne pour retarder la tenue des comices. Caton rendait d'autant plus volontiers ce service qu'il avait été joué par Milon, le défenseur des optimates; Milon lui avait acheté des gladiateurs, et les avait fait revendre en public par le tribun L. Racilius comme provenant de la maison de Caton (*familia catoniana*)[11]. Un autre tribun soutint Caton, le tribun M. Nonius Sufenas[12].

Cicéron et Clodius continuaient à se quereller. Pour s'indemniser des dégâts causés dans sa maison, Cicéron fit saisir

1) Cic., *Prov. cons.*, 6, 14. *ad Q. fr.*, 2, 8, 1. *Pis.*, 19, 45. *Phil.*, 14, 8, 24.
2) Cic., *Prov. cons.*, 10, 25. *Pis.*, 16, 38. 19, 44.
3) Cic., *Prov. cons.*, 7, 17.
4) Cic., *Fam.*, 1, 7, 10. *Balb.*, 27, 61.
5) Cic., *Pis.*, 36, 88. Ascon., p. 1. 2.
6) Cic., *Fam.*, 13, 40.
7) Cic., *Pis.*, 36, 88.
8) Dio C., 39, 27.
9) Dio C., 39, 27. Liv., *ep.*, 105.
10) Cic., *ad Q. fr.*, 2, 6, 6.
11) Cic., *ad Q. fr.*, 2, 6, 5.
12) Cic., *Att.*, 4, 15, 4.

sur le Capitole avec l'appui de quelques tribuns et de Milon les tables d'airain sur lesquelles était gravée la loi Clodia de exilio Ciceronis[1]. Clodius aidé de son frère alors préteur, C. Claudius Pulcher, fit reprendre les tables[2], et les exposa dans le vestibule de sa maison[3]. Cicéron s'en saisit de nouveau et les fit placer dans sa maison[4]. Cicéron se plaignit ensuite de ce que son nom gravé sur un édifice public qu'il avait cédé par contrat sur la proposition du sénat pendant son consulat avait été remplacé par celui de Clodius[5]. Toutes ces affaires furent portées au sénat, qui ne prit parti ni pour l'un ni pour l'autre; au mois de mai de l'année suivante[6], on lisait encore le nom de Clodius sur l'édifice construit par Cicéron. Le sénat ne décidait rien et avec raison, tous deux demandaient des choses impossibles : Cicéron voulait que le tribunat de Clodius et tous ses actes fussent déclarés illégaux et annulés; Clodius ripostait en disant que la loi d'exil contre Cicéron avait été votée régulièrement, tandis que le décret de rappel était illégal[7]. Un tel débat importait peu; il témoignait seulement de l'étroitesse de vues de ceux qui avaient cru pouvoir diriger le char de l'État sans l'intervention de César et de Pompée. M. Caton, qui venait de rentrer, prit, contre l'attente générale, la défense de Clodius, inspiré probablement aussi par une raison mesquine d'amour-propre : si l'on déclarait illégal le tribunat de Clodius, on pourrait aussi annuler tout ce qu'il avait fait à Cypre et à Byzance[8].

Caton ne fut pas payé de retour par Clodius. Il s'était bien acquitté de ses missions à Byzance[9] et à Cypre[10]. Au moment où il arrangeait les affaires de Cypre, la mort de Ptolémée

1) Plut., *Cat. min.*, 40. *Cic.*, 34. Dio C., 39, 21. Plut. emploie le mot δέλτοι, Dion le mot στῆλαι, ils sont synonymes. Cf. Jos., *Ant. jud.*, 14, 10, 2 ἐν δέλτῳ χαλκῇ.
2) Dio C., 39, 21.
3) Schol. Bob., p. 345.
4) Dio C., 39, 21. Cf. Cic., *de aer. al. Mil.*, 3, 1.
5) Cic., *Fam.*, 1, 9, 15. *Har. resp*, 27, 58.
6) Cic., *ad Q. fr.*, 2, 9, 2.
7) Dio C., 39, 21. Plut., *Cic.*, 34. *Cat. min.*, 40.
8) Dio C., 39, 22. Plut., *Cic.*, 34. *Cat. min.*, 40.
9) Plut., *Cat. min.*, 36.
10) Plut., *Cat. min.*, 35 et seq. Dio C., 39, 22.

était arrivée à point[1]. Caton confisqua ses biens; frugal et modeste[2] il le fit avec la plus grande intégrité[3], nous en avons une preuve dans le mécontentement de ses compagnons[4]. L'île de Cypre fut réunie à la province de Cilicie[5]; l'argent, environ 7,000 talents, et les esclaves très nombreux furent envoyés à Rome[6]. Clodius qui avait rédigé la loi Clodia sur l'île de Cypre, eut la prétention de leur faire donner le surnom de Clodiani; Caton qui avait refusé de les laisser désigner sous le nom de Porcii ou Porciani, demanda qu'on les appelât simplement Cypriotes, Cyprii[7]. Clodius fut très mécontent, il oublia que Caton l'avait défendu contre Cicéron, il essaya d'empêcher l'approbation des actes de Caton. Il essaya même d'attaquer l'honnêteté de Caton en lui demandant des comptes : il savait pourtant que Caton était dans l'impossibilité de fournir le détail de ses comptes ; les documents avaient péri pendant la traversée, détruits les uns par un naufrage, les autres par un incendie[8].

Le sénat témoigna beaucoup d'égards à M. Caton; on le reçut avec pompe[9], et le sénat décida qu'ayant rempli les fonctions de questeur avec les pouvoirs de préteur, Caton conserverait les insignes de la préture : aux jeux, il prendrait place parmi les anciens préteurs et porterait la robe prétexte. Caton déclina ces honneurs, il préférait les mériter en se faisant nommer préteur, de cette manière il respecterait les usages[10].

1) Plut., *Cat. min.*, 36. Dio C., 39, 22. Strab., 14, 6, 6. Vell., 2, 45. Flor., 3, 9. Amm. Marcell., 14, 8, 15.

2) Dio C., 39, 22. Val. Max., 4, 3, 2. Aur. Vict., *Vir. ill.*, 80.

3) Cf. Plin., *n. h.*, 29, 4, 30, 96.

4) Plut., *Cat. min.*, 36 *Brut.*, 3.

5) Cic., *Fam.*, 1, 7, 4. 6, 2, 9. 13, 48. Cf. Strab., 14, 6, 6. Vell., 2, 36. 38.

6) Plut., *Cat. min.*, 38.

7) Dio C., 39, 23.

8) Dio C., 39, 23. Plut., *Cat. min.*, 38. 45. Sen., *Cont.*, 10, p. 301 Bu.

9) Plut., *Cat. min.*, 39. Val. Max., 8, 15, 10, Vell., 2, 45.

10) Cf. Plut., *Cat. min.*, 39. Dio C., 39, 22. 23. Val. Max., 4, 1, 14; tous ces auteurs se trompent en parlant d'une dispense offerte à Caton et refusée par lui; il n'en avait pas besoin, puisqu'il se présenta immédiatement comme candidat à la préture pour 55.

Tous ces honneurs rendus à Caton étaient encore une protestation du sénat contre les triumvirs. Il faut rapprocher de ce fait l'acte d'accusation qui fut dirigée[1] à l'automne de cette année par un habitant de Gadès[2] contre L. Cornélius Balbus en vertu de la loi Papia[3]; Balbus était un favori de Pompée[4] et de César, on lui reprochait d'avoir reçu illégalement le titre de citoyen romain. Or c'était Pompée qui lui avait conféré le titre[5], pendant qu'il faisait sa campagne d'Espagne; et Pompée avait le droit de le faire en vertu de la loi Gellia Cornélia[6]. Pour faire plaisir à Pompée[7], Cicéron n'hésita pas à défendre un homme qui était l'agent de César[8]; Pompée[9], Crassus se présentèrent aussi pour le défendre[10]; d'ailleurs le point de droit sur lequel on s'appuyait pour lui contester son titre de citoyen[11], était sans valeur : on s'appuyait sur le traité signé avec Gadès par L. Marcius, et renouvelé en 78 par Catulus et Lépidus. Cicéron profita de l'occasion pour couvrir de fleurs César[12] et Pompée[13]; c'était pour lui un moyen de se venger de la manière dont Caton s'était conduit à son égard[14].

Toutes ces attaques n'étaient pour les triumvirs que des piqûres d'aiguilles, et n'empêchaient pas les événements de suivre leur cours. Les comices étaient toujours différés; Crassus et Pompée n'avaient pas encore posé leur candidature, et Clodius, dans l'intérêt de Pompée, continuait à injurier le sénat[15]. En octobre, malgré l'opposition de Caton, le sénat

1) Cic., *Balb.*, 26, 59.
2) Cic., *Balb.*, 10, 25.
3) Cf. Cic., *Balb.*, 23, 52. Pour la loi Papia, voyez plus haut page 249
4) Cic., *Att.*, 9, 13, 8.
5) Cic., *Balb.*, 3, 6. Balbus était né à Gadès.
6) Cic., *Balb.*, 8, 19. 14, 32.
7) Cic., *Balb.*, 2, 4. 7, 17.
8) Cic., *Balb* , 28, 63. Cf. *Att.*, 2, 3, 3. Suet., *Cæs.*, 81.
9) Cic., *Balb.*, 1, 2.
10) Cic., *Balb.*, 7, 17. 22, 50.
11) Cic., *Balb.*, 15, 34.
12) Cic., *Balb.*, 27.
13) Cic., *Balb.*, 4.
14) Plut., *Cic.*, 34. *Cat. min.*, 40.
15) Dio C., 39, 29.

résolut de prendre le deuil; le consul Marcellinus réunit une assemblée à laquelle les sénateurs se rendirent en deuil; le consul parla contre l'influence de Pompée, montra qu'elle était contraire aux institutions républicaines, mais il n'obtint pas le résultat espéré, qui était d'exciter le peuple contre Pompée [1]. Dans une séance du sénat, Marcellinus interrogea directement Pompée et Crassus, et leur demanda s'il était vrai qu'ils voulaient se faire nommer consuls. Obligé de répondre, Pompée déclara qu'il pourrait arriver qu'il se présentât, non pas dans un but d'intérêt personnel, mais dans l'intérêt de l'État pour contenir l'anarchie [2]. La déclaration de Pompée bouleversa les sénateurs; ils refusèrent d'assister aux jeux de la Victoire, aux jeux plébéiens et au festin de Jupiter qui eut lieu vers le milieu de novembre; jusqu'à la fin de l'année, ils ne s'occupèrent plus des affaires de l'État[3]. Les nouveaux tribuns entrés en fonction le 10 décembre ne purent rien changer à cet état de choses; du reste, ils étaient tous du parti des triumvirs, exceptés C. Ateius Capito et P. Aquilius Gallus qui tenaient pour les optimates [4].

Au commencement de 55, il n'y eut pas de consuls, l'interrègne paraît avoir duré assez longtemps. Enfin Pompée et Crassus se présentèrent comme candidats. L. Domitius Ahenobarbus, poussé par Caton, se présenta aussi; le jour du vote il se rendit au champ de mars avant le jour; on égorgea son porte-flambeau, Caton fut blessé à ses côtés; effrayé, Domitius rentra chez lui. Pompée et Crassus, n'ayant plus de concurrent, furent élus par les soldats de César qu'avait amenés le fils de Crassus[5]. Les consuls firent procéder à l'élection des censeurs qui aurait dû avoir lieu en 56, puis à celle des autres magistrats. On sait que les censeurs étaient déjà en fonctions en avril[6], les préteurs n'avaient pas encore

1) Dio C., 39, 28. Val. Max., 6, 2, 6.
2) Dio C., 39, 30. Plut., *Pomp.*, 51. *Crass.*, 15.
3) Dio C., 39, 30.
4) Dio C., 39, 32.
5) Dio C., 39, 31. Plut., *Crass.*, 15. *Syncr.Nic. et Crass.*, 2. *Pomp.*, 52. *Cat. min.*, 41. App., *b. c.*, 2, 17. Cf. Vell., 2, 46. Cic., *Att.*, 4, 8 B, 2.
6) Cic., *Att.*, 4, 9, 1. 4, 11, 2.

été élus le 13 mai[1]. Cicéron avait d'abord songé à se présenter à la censure[2], puis il y renonça; les censeurs élus furent M. Valérius Messala Niger, qui avait été consul en 61, et le vieux P. Servilius Vatia Isauricus[3]. Caton fut candidat à la préture, il déploya un grand zèle, comprenant que, sans titre, il ne pourrait exercer aucune influence; les consuls le combattirent[4]. Ils soutinrent, au contraire, P. Vatinius, qui avait échoué comme candidat à l'édilité; en 56, violant la loi Tullia de Ambitu, il avait donné des jeux de gladiateurs, pour se rendre le peuple favorable et obtenir la préture[5]. La même année Vatinius avait été poursuivi pour brigue par C. Licinius Calvus, et acquitté; afin d'empêcher une accusation de ce genre, les consuls firent décider par le sénat, sur la proposition de L. Afranius, que les nouveaux préteurs entreraient en fonction dès leur élection. Le sénat vota, malgré les efforts de l'opposition; celle-ci voulait qu'il y eût un intervalle de soixante jours entre l'élection et la prise de possession de la magistrature, pour permettre de déposer des accusations de brigue[6]. On passa outre; Cicéron combattit Vatinius et soutint Caton[7]. La décision du sénat permit aux consuls d'employer tous les moyens de pression; Caton eût cependant été élu; Pompée interrompit l'élection en disant qu'il avait entendu un coup de tonnerre; on recommença un des jours suivants, et Vatinius fut élu[8], et probablement aussi T. Annius Milo[9] et P. Sestius. Les élections des édiles curules furent aussi irrégulières.

Il y eut des combats, dont Pompée sortit les vêtements couverts de sang; les consuls réussirent encore à faire passer

1) Cic., *ad Q. fr.*, 2, 9, 3.
2) Cic., *Att.*, 4, 2, 6.
3) Val. Max., 8, 5, 6. 9, 14, 5. Plin., *n. h.*, 7, 10, 12, 55. I. L. A., p. 179.
4) Dio C., 39, 32. Plut., *Cat. min.*, 42.
5) Cic., *Sest.*, 64, 133. *Vat.*, 15, 37. Schol. Bob., p. 309.
6) Cic., *ad Q. fr.*, 2, 9, 3. Plut., *Cat. min.*, 42.
7) Cic., *Fam.*, 1, 9, 19.
8) Plut., *Cat. min.*, 42. *Pomp.*, 52. Liv., *ep.*, 105. Val. Max., 7, 5, 6.
9) Cic., *Mil.*, 25, 68.

leurs créatures[1]; il semble que C. Messius dût être parmi les élus[2].

On s'occupa ensuite d'exécuter les engagements pris à Lucques. L'année précédente, le sénat avait décidé que les consuls de 55 auraient la province de Syrie et probablement l'Espagne ultérieure. Le tribun C. Trebonius, qui pendant sa questure de 58 avait défendu le sénat[3], proposa en conséquence de donner la Syrie à Crassus; Pompée aurait, comme il le désirait[4], les deux Espagnes — Q. Métellus Népos[5] avait échoué dans l'administration de l'Espagne citérieure[6]; — ses pouvoirs dureraient cinq ans depuis le jour où la loi serait votée jusqu'au jour correspondant de l'année 50, ou plutôt depuis le 1er janvier 55 jusqu'au dernier jour de décembre 51; il aurait aussi le droit de guerre contrairement aux dispositions de la loi Julia repetundarum[7]. La proposition de Trebonius fut combattue avec une énergie extrême par M. Caton, que soutinrent M. Favonius et les tribuns C. Ateius Capito et M. Aquilius Gallus; mais l'opposition fut inutile, les partisans des consuls employèrent la violence, et la proposition fut convertie en loi par un vote populaire[8].

Les consuls eux-mêmes, non plus Trebonius[9], se chargèrent de demander que les pouvoirs de César, dans les deux Gaules et en Illyrie, fussent renouvelés pour cinq années[10], non pas pour trois[11]. La loi *Pompeia Licinia* demandait plus pour César qu'on n'attendait[12]; elle fut non pas

1) Dio C., 39, 32. Plut., *Pomp.*, 53. Cf. App., *b. c.*, 2, 17. Val. Max., 4, 6, 4.
2) Cf. Val. Max., 2, 10, 8. Cæs., *B. Afr.*, 33.
3) Cic., *Fam.*, 15, 21, 2. Cf. *Att.*, 1, 8, 2.
4) Cic., *Att.*, 4, 9, 1.
5) Plut., *Cæs*, 21.
6) Dio C., 39, 54.
7) Dio C., 39, 33. Plut., *Cat. min.*, 43. *Crass.*, 15. *Pomp.*, 52. App., *b. c.*, 2, 18. Liv., *ep.*, 105. Vell., 2, 46.
8) Dio C, 39, 34. Plut., *Cat. min.*, 43. *Crass.*, 15. *Syncr. Nic. et Crass.*, 2. Liv., *ep.*, 105.
9) Plut., *Pomp.*, 52.
10) Cæs., *B. G.*, 8, 53. Cic., *Phil.*, 2, 10, 24. *Att.*, 8, 3, 3. Vell., 2, 46. Suet., *Cæs*, 24. App., *b. c.*, 2, 18. Plut., *Crass.*, 15.
11) Dio C., 39, 33. Cf. 44, 43.
12) Cic., *Prov. cons.*, 16, 39.

votée [1], mais proposée [2], le même jour où l'on vota la rogation Trebonia. Caton ne fit pas d'opposition formelle ; il se contenta, Cicéron fit comme lui [3], d'avertir Pompée en particulier des conséquences que pouvait avoir une pareille proposition [4]. En vertu de la loi Vatinia, les pouvoirs de César ne prenaient fin que le 1er mars 54 [5] ; ils étaient donc prorogés jusqu'au 1er mars 49, et en fait pour toute l'année 49. Zumpt a prétendu que la loi Licinia Pompeia fut votée le 13 novembre, que, par conséquent, les pouvoirs de César devaient prendre fin le 13 novembre 50 [6] ; la théorie de Zumpt ne peut être admise, parce que, le 13 novembre 55, Crassus avait quitté Rome [7], et, de plus, le 13 étant le jour des ides, l'assemblée du peuple n'a pu se réunir ce jour-là.

Il est inutile d'insister pour montrer que la conduite suivie par Pompée et Crassus pour arriver au consulat, la manière dont ils se partagèrent pour cinq ans les plus importantes provinces de l'empire, étaient contraires aux principes essentiels de la constitution républicaine, elles en étaient même la négation [8]. Ils essayèrent cependant de fortifier les magistratures républicaines en opérant une réforme judiciaire ; sans doute, ils se souciaient peu des grands intérêts de la république, mais les triumvirs avaient un intérêt personnel à maintenir dans l'état républicain une vie artificielle ; aucun n'était disposé à laisser l'un d'entre eux prendre en main la dictature, et aucun n'était assez puissant pour se passer des autres. D'ailleurs la réforme judiciaire qu'ils proposaient n'était pas une réforme essentielle et générale de la justice, ils ne visaient que des points de détail.

Pompée avait songé à faire une nouvelle loi somptuaire, il y renonça sur le conseil de Q. Hortensius [9] ; il renonça aussi

1) Dio C., 39, 36.
2) Cf. Dio C., 39, 33.
3) Cic., *Phil.*, 2, 10, 24. Cf. *Att.*, 7, 6, 2. 8, 3, 3.
4) Plut., *Cat. min.*, 43.
5) Cic., *Prov. cons.*, 15, 37.
6) Cic., *Fam.*, 8, 11, 3.
7) Cic., *Att.*, 4, 13, 2.
8) Cf. Cic., *Fam.*, 1, 8, 3 et seq.
9) Dio C., 39, 37.

au projet de rendre plus sévère la loi sur les concussions après quelques pourparlers au sénat ; son intention avait été de permettre aux juges d'atteindre ceux qui n'étaient pas sénateurs dans les procès de ce genre [1]. Par sa loi *de parricidio*, il modifia, en les rendant plus sévères, les dispositions de la loi Cornelia de sicariis et veneficis [2]. Mais la plus importante des lois de Pompée fut la loi *Pompeia judiciaria*. Pompée avait repris les principes de la loi Aurelia Judiciaria, qu'il avait déjà défendue pendant son premier consulat ; conservant les trois décuries de juges admises par cette loi, il rendait plus sévères les conditions exigées des sénateurs, des chevaliers et des tribuns du trésor pour être inscrits sur l'album des juges ; de plus, il imposait au préteur urbain chargé de dresser l'album, et aux questeurs qui l'assistaient, des règles au moyen desquelles on pouvait empêcher l'arbitraire [3].

Crassus se chargea d'empêcher la brigue par une nouvelle loi [4] ; il visa surtout le genre de brigue qu'avait favorisé la loi Claudia en autorisant les collèges et les associations (*sodalitates*). Le sénat avait déjà décidé, en 56, que les associations formées dans les décuries devaient se dissoudre, les opposants devaient être poursuivis en vertu de la loi Plautia de vi ; il faut admettre comme probable que la loi *Licinia de sodaliciis*, soumise aux délibérations du sénat [5], établissait des peines plus sévères [6] en même temps pour les candidats et pour leurs agents, que la loi actuellement existante sur la brigue ; cette loi était la loi (Acilia) Calpurnia, aggravée par la loi Tullia. La loi de Crassus rendait plus difficile l'acquittement du citoyen poursuivi pour avoir fait partie d'une association (*crimen sodalicii*) ; en effet, elle lui enlevait le droit de récuser un juge sur deux (*rejectio alternorum judicum*) [7], elle lui imposait un jury composé de juges appelés

1) Cic., *Rab. Post.*, 6, 13.
2) Dig., 48, 9. Paul., *Sent.*, 5, 24. Cf. Dig., 1, 2, 2, 32.
3) Ascon., p. 16. Cic., *Pis.*, 39, 94. *Phil.*, 1, 8, 20. Sall., *de Rep. ord.*, 2, 3. 7, 12.
4) Cf. Dio C., 39, 37.
5) Cic., *Planc.*, 15, 37. 18, 44.
6) Dio C., 39, 37.
7) Cic., *Planc.*, 15, 36. Schol. Bob., p. 261.

judices editicii. Pendant le consulat de Cicéron, Ser. Sulpicius Rufus avait demandé une réforme du même genre [1]; Crassus la reprenait et demandait que l'accusateur fût autorisé à désigner dans quatre tribus, qu'il choisirait lui-même, par conséquent dans des tribus hostiles à l'accusé, un nombre déterminé de personnes qui constitueraient le tribunal; il n'aurait pas à rechercher si ces personnes étaient ou non inscrites sur l'album des juges [2]; l'accusé n'avait le droit de récuser que les juges d'une seule des quatre tribus [3]; le tribunal ne pouvait même pas l'autoriser à récuser par exception, quelques-uns des juges des autres tribus [4]. On a prétendu que Crassus, outre cette loi [5], présenta encore une loi Licinia de Ambitu; il est vrai que les sources emploient le pluriel *leges* [6], mais l'hypothèse n'est pas fondée.

Pompée et Crassus avaient en main tous les moyens d'étouffer l'opposition; l'opposition cependant ne restait pas muette. Quand les censeurs M. Valérius Messalla et P. Servilius Isauricus firent la revision du sénat, — ils y étaient tenus en vertu de la loi Clodia [7], — le vieux Helvius Mancia poursuivit devant eux L. Scribonius Libo, un favori de Pompée [8]; Helvius était déjà un accusateur en renom avant la guerre civile [9]; Pompée lui répondit qu'il venait sans doute de l'autre monde pour lui reprocher les exécutions qu'il avait fait faire à l'époque des guerres de Sylla [10]. Les censeurs durent acquitter Libo; nous savons peu de chose, d'ailleurs, des actes de cette censure; nous apprenons seulement qu'ils firent réparer les rives du fleuve [11], endommagées par une inonda-

[1]) Cic., *Mur.*, 23, 47.
[2]) Cic., *Planc.*, 16, 40. 17, 41.
[3]) Cic., *Planc.*, 15, 36 et seq. Schol. Bob., p. 253. 261.
[4]) Cic., *Planc.*, 16, 40. Schol. Bob., p. 262.
[5]) Cf. Cic., *Fam.*, 8, 2, 1. Schol. Bob., p. 322.
[6]) Cic., *Planc.*, 20, 49. 18, 44.
[7]) Cf. Cic., *Att.*, 4, 16, 14. Dans ce passage, il faut corriger *Coctia* par *Clodia*
[8]) Cic , *Fam.*, 1, 1, 3.
[9]) Cic., *de Or.*, 2, 66, 266. Quint., 6, 3, 38. Plin., *n h.*, 35, 4, 8, 25.
[10]) Val. Max., 6, 2, 8.
[11]) I. L. A., p. 179.

tion en octobre 54[1]. La cérémonie du lustre n'avait pas encore eu lieu en juillet 54[2].

L'opposition se manifesta par un autre procès; l'ancien tribun L. Caninius Gallus, si entièrement dévoué à Pompée, fut poursuivi pour actes de violence; par égard pour Pompée, Cicéron se chargea de la défense[3]. Plus Cicéron était humilié de l'état de dépendance dans lequel il se trouvait, plus il désirait exhaler sa colère contre L. Calpurnius Piso; il eut l'occasion de le faire avant de présenter la défense de Gallus, dont le procès fut plaidé à l'époque où eurent lieu les jeux de Pompée. Piso était revenu de Macédoine vers la fin de l'été[4]; les sénateurs n'allèrent pas le saluer à son retour[5], et cependant il osa, dans une discussion du sénat où l'on parlait encore du rappel de Cicéron, insulter le grand orateur[6]. Dans son discours contre Piso, Cicéron évita avec soin tout ce qui aurait pu déplaire à César et à Pompée[7]; Piso répliqua par écrit, mais Cicéron ne répondit pas[8]; il abandonna[9] même, par considération pour César, un projet d'accusation contre Piso[10].

Peu après eurent lieu les jeux célébrés à l'occasion de la consécration du théâtre élevé par Pompée[11]; c'était le premier théâtre de Rome construit en pierre; dans ces fêtes, Pompée lâcha dans l'arène 500 lions et 18 éléphants[12].

Les élections aux magistratures curules pour l'année suivante durent être faites en octobre. Les triumvirs firent échouer au consulat M. Valérius Messala, qui déplaisait à

1) Dio C., 39, 61. Cic. *ad Q. fr.* 3, 7, 1.
2) Cic , *Att.*, 4, 16, 14.
3) Cic., *Fam.*, 7, 1, 4.
4) Cic., *Pis.*. 40, 97. Cf. 23, 55. 35, 86.
5) Cic., *Pis.*, 22, 53.
6) Cic., *Pis.*, 9, 18. 14, 31. 23, 55. 29, 72. 31, 75. Ascon., p. 2.
7) Cf. Cic., *Pis.*, 1, 3. 12, 27. 25, 59. 30, 73. 32, 79. 33, 81.
8) Cic., *ad Q. fr.*, 3, 1, 4, 11.
9) Cic., *Pis.*, 33, 82.
10) Cic., *p. red. ad Quir.*, 9, 21.
11) Cic., *Pis.*, 27, 65. Ascon., p. 5.
12) Dio C., 39, 38. Plut., *Pomp.*, 52. 40. Cic., *Fam.*, 7, 1, 3. *Off.*. 2, 16, 57. Ascon., p. 1. 2. 15. Plin., *n. h.*, 8, 7, 7, 20 et seq. Cf. Vell., 2, 48. Tac. *Ann.*, 14, 20. Gell., 10, 1, 7.

Pompée[1]; Messala avait été préteur en 61 ou une des années suivantes[2]. Ils ne purent empêcher l'élection de L. Domitius Ahenobarbus, mais eurent la satisfaction de lui donner pour collègue Appius Claudius. Les élections de préteur ne furent un succès ni pour les triumvirs, ni pour les optimates; nous trouvons parmi les élus M. Porcius Cato[3], et son émule[4], P. Servilius Vatia Isauricus, le fils du censeur; nous trouvons aussi Ser. Sulpicius Galba[5], lieutenant de César, et C. Alfius Flavus, favori du même César. Crassus présida les comices pour la nomination des édiles; l'élection ne réussit pas du premier coup[6]; les élus furent[7] C. Plautius, partisan décidé de Pompée, et Cn. Plancius, tribun de 56, qui depuis était revenu à des idées modérées[8].

Ces résultats encouragèrent les tribuns C. Ateius Capito et P. Aquilius Gallus à faire opposition aux consuls[9] au sujet des armements qu'ils faisaient pour leurs provinces, surtout Crassus, que César pressait d'aller combattre les Parthes[10]. Ils obtinrent un résultat vers le milieu de décembre[11], Crassus prit les auspices sur le Capitole; C. Ateius Capito lança contre lui des imprécations solennelles; ensuite Crassus quitta Rome[12].

1) Cic., *Att.*, 4, 9, 1.
2) Cic., *Sull.*, 14, 42.
3) Plut., *Cat. min.*, 44.
4) Cic., *Att.*, 2, 1, 10. *ad Q. fr.*, 2, 3, 2.
5) Cæs., *B. G.*, 3, 1 et seq. Dio C., 39, 5.
6) Cic., *Planc.*, 20, 49. 22, 53.
7) Cic., *Planc.*, 22, 53.
8) Cic., *ad Q. fr.*, 2, 1, 3. *Planc.*, 10, 26. 11, 28.
9) Dio C., 39, 39.
10) Plut., *Crass.*, 16.
11) Cic., *Att.*, 4, 13, 2.
12) Dio C., 39, 39. Plut., *Crass.*, 16. *Pomp.*, 52. App., *b. c.*, 2, 18. Cic., *de Div.*. 1, 16, 29. Vell., 2, 46. Flor., 3, 11, 3.

CHAPITRE DIX-SEPTIEME

L'ANARCHIE

Crassus avait abdiqué ses fonctions de consul avant la fin de l'année pour se rendre dans sa province de Syrie; Pompée, au contraire, hésita à quitter Rome et finit par refuser d'aller en Espagne [1]; il resta dans les environs de Rome et fit administrer [2] ses provinces par ses lieutenants, le consulaire L. Afranius et l'ancien préteur M. Petreius. Sa conduite était tout à fait illégale [3]; il donna comme justification le prétexte qu'il était encore chargé de l'annone jusqu'en 52, que ses pouvoirs comme directeur de l'annone étaient supérieurs à ceux que lui conférait son titre de gouverneur d'Espagne [4]; or, Pompée commettait une nouvelle illégalité en cumulant deux emplois qui n'étaient pas compatibles. La vraie raison qui retenait Pompée en Italie n'était pas celle qu'il donnait, ni son amour pour Julia [5]; il sentait que pour rester l'égal de César, il ne devait pas s'éloigner plus loin de Rome que César [6].

En 56, César avait soumis par lui-même ou par ses lieutenants les populations maritimes de la Gaule [7]; en 55, il avait arrêté sur le Rhin les tribus germaniques des Usipètes et des Tenctères; il avait même franchi le Rhin, et avait encore eu le

1) Cic., *Fam.*, 7, 5, 1. 6, 6, 5.
2) Vell., 2, 48.
3) Cæs., *B. G.*, 1, 85.
4) Dio C., 39, 39. Cf. App., *b. c.*, 2, 18.
5) Plut., *Pomp.*, 53. *Crass.*, 16.
6) Cf. Cic., *Fam.*, 6, 6, 5.
7) Cæs., *B. G.*, 3, 7-29. Dio C., 39, 40-46. Liv., *ep.*, 104. Flor., 3, 10, 5. Oros, 6, 8.

temps d'aller faire une descente en Bretagne [1]. Dans le sénat, Caton avait demandé que César fût livré aux Germains pour avoir violé le droit des gens [2]; le sénat n'avait pas moins voté en son honneur des actions de grâces de vingt jours [3]. Pendant l'hiver, César était venu dans la Cisalpine [4]; de là il avait essayé de diriger les élections pour 53, et avait pris ses mesures pour paralyser l'initiative du consul Ahenobarbus qui avait juré d'enlever à César ses provinces [5]. Pompée ne pouvait pas seconder César; mais il avait compris la nécessité de rester en Italie pour se tenir au courant de ses intrigues et rester maître de la situation [6].

Sans aucun doute [7], César dirigea les intrigues électorales en 54; elles dépassèrent en corruption tout ce qui s'était fait jusque-là [8]; au mépris des prescriptions si sévères de la loi Licinia, C. Memmius Gemellus, qui avait été en 58, comme préteur, un des principaux adversaires de César avec Ahenobarbus, fut alors un des candidats patronnés par César [9]. Le consul Appius Claudius vint faire une visite à César avant son départ pour la Gaule transalpine [10]. Il est certain que Memmius donna des garanties à César, il dut probablement s'engager avec Appius Claudius à gêner toutes les tentatives du consul dirigées contre César. Il obtint ce résultat en s'entendant avec son rival [11] le plus dangereux, Cn. Domitius Calvinus, le candidat des optimates, puis tous deux signèrent avec les consuls un contrat qui devait compromettre ces derniers. Les consuls promirent de soutenir la candidature de Memmius et de Domitius, moyennant l'engagement pris par les candidats de

1) Cæs., *B. G.*, 4, 1-38. Dio C., 39, 47-53. Plut., *Cæs.*, 22. 23. App., *Celt.*, 1. 18. Liv., *ep.*, 105. Flor., 3, 10, 14. Oros., 6, 8, 9 et seq.
2) Plut., *Cæs.*, 21. *Cat. min.*, 51. *Syncr. Nic. et Crass.*, 4. App., *Celt.*, 18. Suet., *Cæs.*, 24.
3) Cæs., *B. G.*, 4, 38. Dio C., 39, 53. Cf. Cic., *Pis.*, 25, 59.
4) Cæs., *B. G.*, 5, 1.
5) Suet., *Cæs.*, 24.
6) Cf. Cic., *Att.*, 4, 15, 7. 4, 17, 2.
7) Cf. Cic., *Att.*, 4, 14, 2. *ad Q. fr.*, 3, 1, 3, 10.
8) Cic., *ad Q. fr.*, 2, 15, 4.
9) Cic., *Att.*, 4, 15, 7. 4, 17, 2. Suet., *Cæs.*, 73.
10) Cic., *ad Q. fr.*, 2, 15, 3.
11) Cic., *Att.*, 4, 17, 2.

payer une forte somme s'ils étaient élus; les consuls prenaient un autre engagement : dans le cas où les consuls actuels ne pourraient obtenir la loi curiate ni le décret du sénat concernant les provinces, les nouveaux consuls promettaient d'établir par le faux témoignage de trois augures et de deux consulaires que la loi curiate avait été rendue, et que le sénatus-consulte de provinciis ornandis avait été voté[1]. Un pareil engagement devait gêner dans la suite Ahenobarbus, il ne pourrait plus agir avec la même liberté, il serait impuissant[2].

Les autres candidats furent M. Valérius Messala, qui avait déjà échoué en 55; soutenu par le sénat[3], il avait contre lui Pompée[4]; aussi M. Æmilius Scaurus, le fils de l'ancien prince du sénat[5], beau-fils de Sylla; tout jeune, il s'était fait remarquer[6] par une accusation dirigée contre Cn. Cornélius Dolabella, le préteur de 81; questeur, il avait accompagné Pompée en Syrie; édile en 58, il avait donné des jeux splendides[7]; depuis sa préture, il gouvernait la Sardaigne[8] et était sur le point de revenir à Rome. Il comptait sur l'appui de Pompée[9], qui ne montrait pas grand empressement à le soutenir, sans doute parce que Scaurus avait épousé Mucia[10], que Pompée avait répudiée, et qui continuait à mener une vie honteuse[11]. Le frère du consul, C. Claudius, alors gouverneur d'Asie, songeait aussi à se présenter avec l'appui de la plèbe, s'il voyait qu'avec cet appui il pourrait arriver plus facilement. Il se désista pour rester un an de plus en Asie[12], probablement

1) Cic., *Att.*, 4, 18, 2. 4, 15, 7. *ad Q. fr.*, 2, 15, 4. 3, 1, 5, 16. 3, 3, 2. Cf. App., *b. c.*, 2, 19.
2) Cic., *ad Q. fr.*, 2, 15, 3.
3) Cic., *Att.*, 4, 17, 2. *ad Q. fr.*, 3, 1, 5, 16. 3, 3, 2.
4) Cic., *Att.*, 4, 15, 7.
5) Cf. Cic., *Att.*, 4, 17, 2.
6) Cic., *in Verr. accus.*, 1, 38, 97. Ascon., p. 26.
7) Cic., *Off.*, 2, 16, 57. *Att.*, 4, 17, 2. Plin., *n. h.*, 36, 15, 24, 116. Schol. Bob., p. 304. Ascon., p. 18. 20. Val. Max., 2, 4, 6. 7.
8) Ascon., p. 18.
9) Cic., *Att.*, 4, 15, 7.
10) Ascon., p. 19. 20.
11) Catull., 113.
12) Cic., *Scaur.*, 2, 33 et seq. Cf. Ascon., p. 25. Schol. Bob., p. 375.

sur l'invitation de son frère, que liait la convention conclue avec Memmius et Domitius.

Par suite de cette convention tenue secrète, la corruption électorale prit des proportions telles qu'en mai ou en juin on eut l'idée d'établir une dictature pour mettre fin à l'anarchie [1]. Pompée ne pouvait qu'approuver un pareil projet, parce qu'il était seul en mesure de prendre la place de dictateur [2]. En juin et juillet, la brigue fit l'objet des délibérations du sénat, mais on ne prit aucune résolution [3]; on s'entendit pour déterminer les provinces qui seraient données aux nouveaux consuls [4]. Les comices de cette élection devaient avoir lieu en juillet [5], ils furent renvoyés en septembre [6].

Caton, qui était préteur, ne pouvait rien contre ces désordres. Il obtint seulement, par son autorité personnelle, des candidats au tribunat, tous jeunes gens au début de leur carrière, qu'ils renonceraient à employer la corruption; chacun déposa entre ses mains une somme de 500,000 sesterces, et jura que s'il se laissait entraîner à employer la corruption, il abandonnerait la somme à Caton, et Caton pourrait la partager entre ses rivaux. Les élections eurent lieu probablement le 28 juillet, elles furent calmes, et Caton n'eut à confisquer que le dépôt d'un seul candidat [7]. On est heureux de constater l'influence qu'a pu exercer un homme d'honneur dans une circonstance particulière; il n'en reste pas moins établi que les lois et les tribunaux étaient impuissants à obtenir ce qu'obtenait la seule vertu d'un citoyen [8]; et encore il ne manquait pas de gens pour regretter l'influence morale de Caton [9]. D'ailleurs la morale de Caton se démentait bien vite sur d'autres questions : nous le voyons céder amicalement au

1) Cic., *ad Q. fr.*, 2, 15, 5. Cf. 3, 8, 4. Quint., 9, 3, 95.
2) App., *b. c.*, 2, 19.
3) Cic., *ad Q. fr.*, 2, 16, 2.
4) Cic., *Att.*, 4, 16, 5.
5) Ascon., p. 19. Cf. Cic., *Att.*, 4, 15, 8.
6) Cic., *ad Q. fr.*, 2, 16, 3.
7) Cic., *Att.*, 4, 15, 7. *ad Q. fr.*, 2, 15 B, 4. Plut., *Cat. min.*, 44.
8) Cic., *Att.*, 4, 15, 8. *ad Q. fr.*, 2, 15 B, 4.
9) Plut., *Cat. min.*, 44.

vieil orateur Q. Hortensius sa femme, Marcia, qu'il reprenait ensuite à la mort de l'orateur[1].

De nombreux procès attirèrent encore l'attention. En février, M. Cælius Rufus fut de nouveau poursuivi à l'instigation de P. Clodius; mais on ne put convenir de la date pour l'appel de la cause[2], et l'accusateur paraît avoir abandonné l'affaire. En juin, le tribun de 56, C. Porcius Caton fut poursuivi en vertu de la loi Licinia Junia pour illégalités dans la présentation de ses propositions; il fut acquitté[3]. Bientôt après, il fut de nouveau poursuivi en vertu de la loi Fufia avec M. Nonius Sufenas, pour empêcher la réunion des comices; il fut acquitté le 5 juillet avec M. Nonius Sufenas[4]; M. Æmilius Scaurus, qui était revenu de Sardaigne le 28 juin, avait présenté sa défense[5]. Au contraire, un tribun de la même année 56, Procilius[6], fut poursuivi par Clodius on ne sait pour quel motif[7], probablement parce qu'il était partisan du sénat; par 28 voix contre 22, il fut condamné[8].

Cicéron n'avait pas défendu Procilius; il n'avait pas voulu irriter davantage P. Clodius, devenu candidat à la préture pour 53[9]; du reste, il se plaint d'avoir trop de causes à plaider à cette saison de l'année[10]. Il s'était chargé d'un procès des habitants de Réate contre ceux d'Intéramne au commencement de juillet[11], ce procès n'avait rien de politique; puis il défendit M. Cispius, qui avait travaillé à son rappel en qualité du tribun en 57; nous ne connaissons pas le motif de l'accusation, Cicéron ne put le sauver[12]. Cicéron défendit encore C. Messius, qui avait agi, en 57, en sa faveur, mais plus encore

[1]) Plut., *Cat. min.*, 25. 52. App., *b. c.*, 2, 99. Strab., 11, 9, 1. Quint., 3, 5, 11. 10, 5, 13. Lucan., 2, 328.
[2]) Cic., *ad Q. fr.* 2, 13, 2.
[3]) Cic., *Att.*, 4, 16, 5.
[4]) Cic., *Att.*, 4, 16, 5. 4, 15, 4. 4, 17, 2. Cf. Tac., *Dial.*, 34.
[5]) Ascon., p. 19.
[6]) Cf. Cic., *ad Q. fr.*, 2, 8, 1.
[7]) Cic., *Att.*, 4, 16, 5.
[8]) Cic., *Att.*, 4, 15, 4.
[9]) Cic., *ad Q. fr.*, 2, 15, 2. *Mil.*, 9, 24.
[10]) Cic., *ad Q. fr.*, 2, 16, 1. *Att.*, 4, 16, 1.
[11]) Cic., *Att.*, 4, 15, 5. *Scaur.*, 2, 27.
[12]) Cic., *Planc.*, 31, 75 et seq.

dans l'intérêt de Pompée; le consul Appius Claudius essaya de le faire sortir d'embarras, parce qu'il lui avait procuré une place de lieutenant auprès de César; nous ne connaissons pas non plus exactement le motif de l'accusation; mais nous savons qu'elle se basait sur la loi Licinia de sodaliciis, elle devait viser les procédés de violence employés pour faire réussir son élection à l'édilité[1]. Nous ne connaissons pas le résultat du procès qui fut plaidé devant le préteur P. Servilius Vatia Isauricus. (Livius) Drusus avait été accusé de prévarication par Lucretius; on avait choisi le 3 juillet pour la récusation des juges[2]: c'était aussi un ami de Pompée[3], il fut défendu par Cicéron peu de temps après le procès de C. Messius[4], et acquitté fin juillet, à quatre voix de majorité[5]. Cicéron ne pouvait s'empêcher de défendre les amis de Pompée, il avait besoin de ce dernier pour le soutenir contre Clodius[6].

Cicéron avait aussi à compter avec César. En février, au sénat, il avait parlé trop librement au sujet d'une petite affaire qui concernait Antiochus de Commagène, le favori de César; le consul Appius Claudius qui, sur le désir de Pompée, s'était réconcilié avec Cicéron[7] dès 55[8], l'avertit amicalement[9]. Sur les entrefaites, Q. Cicéron s'était rendu auprès de César en qualité de lieutenant, il était chargé de bien disposer César en sa faveur et en faveur de son frère[10]; César le reçut avec beaucoup d'égards, et lui témoigna une grande amitié[11]; César était déjà venu en aide à Cicéron par des prêts d'argent[12]; Cicéron, en effet, s'était souvent trouvé embarrassé depuis son

1) Cic., *Att.*, 4, 15, 9.
2) Cic., *Att.*, 4, 16, 5.
3) Cic., *Att.*, 2, 7, 3.
4) Cic., *Att.*, 4, 15, 9.
5) Cic., *ad Q. fr.*, 2, 16, 3. *Att.*, 4, 16, 8.
6) Cic., *ad Q. fr.*, 2, 15 B, 2.
7) Cic., *Fam.*, 1, 9, 4. 19. 2, 13, 2. 3, 1, 1. 3, 10, 8. 3, 12, 4. *Scaur.*, 2, 31. *Mil.*, 27, 75. Quint., 9, 3, 41.
8) Cf. Cic., *Pis.*, 15, 35.
9) Cic., *ad Q. fr.*, 2, 12, 2. Cf. *Fam.*, 3, 10, 8.
10) Cic., *ad Q. fr.*, 3, 8, 1. Cf. *Att.*, 8, 3, 2.
11) Cic., *ad Q. fr.*, 2, 15, 1. 3, 1, 3, 9. *Att.*, 4, 18, 3.
12) Cic., *ad Q. fr.*, 2, 12, 5. *Att.*, 5, 6, 2. 5, 10, 4. 7, 3, 3. 7, 3, 11. 7, 8, 5.

retour d'exil; César avait su encore flatter son amour-propre, en échangeant avec lui une correspondance littéraire sur le pied de l'égalité[1]. On s'explique pourquoi, sur la demande formelle de César[2], Cicéron consentit à défendre P. Vatinius, qu'il avait autrefois couvert de son mépris; depuis que Vatinius avait été préteur, Cicéron s'était déjà rapproché de lui sur la demande de Pompée[3]; C. Licinius Calvus[4] venait de l'accuser au sujet des associations[5]; Cicéron parla pour lui[6]. La sentence fut rendue le même jour que celle de Livius Drusus[7]. On avait permis à Vatinius de récuser cinq juges en plus de ceux d'une tribu[8], il fut acquitté[9]. Cicéron ne publia pas son discours, nous n'en connaissons que quelques passages[10].

Vint ensuite[11] le procès de Cn. Plancius accusé pour les mêmes raisons[12], en vertu de la même loi, à l'occasion de son élection à l'édilité en 55; ses accusateurs furent probablement son rival malheureux M. Juventius Laterensis[13], qui s'était posé comme adversaire de César en 59, et L. Cassius Longinus[14]. Plancius fut défendu par Q. Hortensius et par Cicéron[15]; nous avons encore le discours de Cicéron, où il se justifie contre l'accusation d'avoir aliéné sa liberté[16]; il fut prononcé peu de jours avant la célébration des jeux romains qui com-

1) Cic., *ad Q. fr.*, 2, 15, 2. 2, 16, 4. 3, 1, 3, 10. 3, 1, 5, 17. 3, 1, 7, 25. 3, 5, 3. *Att*, 4, 15, 10. 4, 16, 13. 4, 18, 3. *Fam.*, 7, 5. 7, 17, 2. 11, 27, 2.
2) Cic., *Fam.*, 1, 9, 19.
3) Cic, *Fam.*, 1, 9, 19.
4) Catull., 53. Tac., *Dial.*, 34. Quint., 6, 1, 13. Cf. Cic., *ad Q. fr.*, 2, 4. Schol. Bob., p. 316. 323. 262. Cf. 322.
5) Schol. Bob., p. 262. Cf. 322.
6) Cic., *Fam.*, 1, 9, 4. Ascon., p. 18. Schol. Bob., p. 262. 317. Val. Max., 4, 2, 4.
7) Cic., *ad Q. fr.*, 2, 16, 3.
8) Cic., *Planc.*, 16, 40. Schol. Bob., p. 262.
9) Cic., *Fam.*, 5, 9, 1.
10) Cic., *Fragm.*, p. 952 Halm.
11) Cic., *Planc.*, 16, 40.
12) Schol. Bob., p. 253.
13) Cic., *Planc.*, 1, 2. 2, 6 et seq.
14) Cic., *Planc.*, 24, 58.
15) Cic., *Planc.*, 15, 37.
16) Cic., *Planc.*, 37, 91 et seq. Cf. Cic., *ad Q. fr*, 3, 5, 4.

mençaient le 4 septembre[1], par conséquent en août; le préteur C. Alfius Flavus[2] présidait en remplacement de P. Servilius Vatia Isauricus; Plancius fut certainement acquitté.

Au point de vue politique, le procès en restitution intenté à M. Æmilius Scaurus eut un plus grand retentissement[3]. La plainte fut déposée le 8 juillet. Scaurus était candidat au consulat, et les élections, qui n'avaient pas encore été renvoyées à l'automne, devaient avoir lieu un des jours qui suivraient le 28 juillet[4]; Scaurus pouvait donc être élu et échapper à toute poursuite; voilà pourquoi ses accusateurs, P. Valérius Triarius[5], fils de L. Triarius, L. Marius, M. et Q. Pacuvius, interrompirent l'enquête qu'ils avaient déjà commencée en Sardaigne[6]. Six orateurs appartenant à des partis différents présentèrent la défense de Scaurus: Q. Hortensius, M. Cicéron, P. Clodius, M. Claudius Marcellus, M. Calidius et M. Valérius Messala Niger[7]. Neuf consulaires vinrent ensuite témoigner en sa faveur[8]: L. Calpurnius Piso, L. Volcatius Tullus, Q. Metellus Népos, M. Perperna, L. Marcius Philippus, M. Cicéron, Q. Hortensius, P. Servilius Vatia Isauricus et Cn. Pompée; ses parents, en tête L. Cornélius Sulla Faustus (*Faustus Sylla*), son beau-frère, alors questeur[9], employèrent tous les moyens de théâtre que l'on avait l'habitude d'employer dans ces circonstances[10]. On réussit à faire acquitter Scaurus[11], le 2 septembre[12], à une grande majorité; Caton présidait en qualité de préteur[13]; il voulut, dans la circonstance, donner une preuve de ses regrets au sujet des anciennes coutumes; il

[1]) Cic., *Planc.*, 34, 83.
[2]) Cic., *Planc.*, 17, 43. 42, 104.
[3]) Ascon., p. 19. Cic., *Att.*, 4, 17, 2. 4, 15, 9. *ad Q. fr.*, 2, 16, 3.
[4]) Cic., *Att.*, 4, 15, 8.
[5]) Cic., *Att.*, 4, 17, 2. Ascon., p. 19.
[6]) Ascon., p. 19. Cic., *Scaur.*, 2, 23.
[7]) Ascon., p. 20.
[8]) Ascon., p. 28.
[9]) Ascon., p. 20.
[10]) Ascon., p. 29.
[11]) Ascon., p. 30. Cic., *Att.*, 4, 16, 7. 8. Val. Max., 8, 1, 10.
[12]) Ascon., p. 18.
[13]) Ascon., p. 19.

vint siéger sans tunique [1]. L'acquittement fut si éclatant que le lendemain, 3 septembre, les accusateurs durent paraître à leur tour devant le tribunal, on les accusait de calomnie. Ils furent aussi acquittés [2]. Nous avons conservé des fragments assez importants du discours de Cicéron en faveur de Scaurus (*pro Scauro*) [3]; il fut publié en septembre, en même temps que le discours en faveur de Plancius (*pro Plancio*) [4].

Ce procès venait d'être jugé, quand C. Memmius Gémellus, conseillé par Pompée, vint lire au sénat la convention qu'il avait conclue avec Cn. Domitius Calvinus et les consuls [5]. Il ne se croyait plus lié par les engagements qu'il avait pris à l'égard de Cn. Domitius, parce que ce dernier n'en tenait plus aucun compte, et croyait pouvoir réaliser facilement ses projets ambitieux sans l'appui de Memmius. César fut très mécontent du procédé employé par Memmius, il lui retira son appui [6]. Pompée cessa de soutenir Scaurus [7]; alors, malgré les efforts de ce dernier [8], Domitius et Messala réunirent les principales chances pour arriver au consulat [9]. Mais de leur côté les tribuns montrèrent leur mécontentement, surtout Q. Mucius Scévola, en empêchant la tenue des comices (par l'*obnuntiatio*) [10] : ils menacèrent de poursuivre tous les candidats pour brigue. On prévoyait un interrègne, on craignait que la procédure ordinaire des procès de brigue n'offrît pas assez de garanties pour régler d'une manière efficace les procès de ce genre qui étaient devenus plus nombreux et plus nécessaires que jamais [11]. Le sénat décida, sur la proposition de Caton, que les candidats au consulat seraient jugés d'une façon particulière : on choisirait les jurés au sort, on n'admettrait

[1]) Ascon., p. 30. Val. Max., 3, 6, 7. Plut., *Cat. min.*, 44.
[2]) Ascon., p. 30.
[3]) Cic., *fr.*, p. 953 Halm.
[4]) Cic., *ad Q. fr.*, 3, 1, 4, 11. 3, 1, 5, 16.
[5]) Cic., *Att.*, 4, 18, 2. *ad Q. fr.*, 3, 1, 5. 16.
[6]) Cic., *Att.*, 4, 16, 6. 4, 18, 3. Cf. *ad Q. fr.*, 3, 2, 3. 3. 8, 3.
[7]) Cic., *ad Q. fr.*, 3, 8, 3.
[8]) Cic., *Att.*, 4, 16, 7.
[9]) Cic., *Att.*, 4, 16, 6. *ad Q. fr.*, 3, 2, 3. 3, 8, 3. 3, 9, 3. Cf., 3, 1, 5, 16.
[10]) Cic., *Att.*, 4, 16, 7. Cf. 4, 17, 2.
[11]) Cf. Cic., *Att.*, 4, 15, 4.

pas de témoins, on ne prononcerait pas de discours ni pour ni contre les accusés (*tacitum judicium*)[1]. Le sénat avait l'espoir que, dans les conditions pareilles, la sentence rendue serait plus équitable que si les procès étaient instruits dans les formes ordinaires, si les avocats étaient autorisés à mettre au service des accusés leur éloquence toute politique et leur influence personnelle. Mais le sénat n'avait pas tout prévu : certains juges ne voulurent pas siéger dans ce tribunal d'un nouveau genre sans l'approbation du peuple; ils se firent soutenir par les tribuns. Le sénat fut obligé de décider que les comices seraient ajournés et que l'on ferait d'abord une loi *de tacito judicio*[2]. Le peuple ne désirait pas le moins du monde voir punir la brigue, ni surtout la voir disparaître; les pauvres s'étaient habitués à considérer comme un revenu régulier l'argent avec lequel on achetait leurs suffrages; ils manifestèrent leur mécontentement d'une manière éclatante lorsque Caton vint leur demander de voter la proposition de loi[3]. Le jour du vote, en septembre[4], le tribun A. Terentius Varro Muréna opposa son intercession[5]; le sénat avait résolu de mettre tout en œuvre pour amener les tribuns à retirer leur veto; mais l'opinion du peuple était si visiblement hostile au projet de loi, qu'il fallut l'abandonner et se contenter de déclarer que les comices auraient lieu le plus tôt possible[6]. Il fallut ainsi se résigner à laisser poursuivre les candidats dans les formes ordinaires. Cn. Domitius Calvinus fut accusé par le tribun C. Memmius; M. Valérius Messala par Q. Pompeius Rufus; M. Æmilius Scaurus, par son ancien accusateur P. Valérius Triarius; enfin C. Memmius Gemellus, par Q. Curtius[7]. Quant aux comices, les tribuns mirent en œuvre tous leurs moyens d'opposition (*obnuntiatio* et *intercessio*)[8] pour les faire différer

1) Cic., *Att.*, 4, 16, 6. Plut., *Cat. min.*, 44.
2) Cic., *Att.*, 4, 16, 6.
3) Plut., *Cat. min.*, 44.
4) Cf. Cic., *Att.*, 4, 16, 7.
5) Cf. Cic., *Fam.*, 13, 22, 1.
6) Cic., *Att.*, 4, 16, 6.
7) Cic., *Att.*, 4, 16, 8. 11. *ad Q. fr.*, 3, 2, 3.
8) Cic., *ad Q. fr.*, 3, 3, 2.

jusqu'au moment où César serait arrivé dans la Gaule cisalpine[1].

Pompée était satisfait de voir ajourner les élections : l'anarchie envahissait Rome, c'est ce qu'il désirait. En août, ou au commencement de septembre, la mort de Julia, sa femme[2], avait fait disparaître un des liens qui le rattachaient à César [3]. Malgré l'opposition légale du consul L. Domitius Ahenobarbus et de quelques tribuns[4], le peuple voulut qu'on fît à Julia des funérailles solennelles et qu'elle fût ensevelie au champ de Mars[5] : ce fut une manifestation en faveur du père de Julia plutôt qu'en faveur de son mari[6]. Au même moment, de juin à septembre, César avait fait une seconde expédition en Bretagne[7]; on vota en son honneur de nouvelles actions de grâces qui furent célébrées en novembre[8].

Il devenait de plus en plus probable que les comices ne pourraient se réunir et qu'il y aurait un interrègne[9] ; Pompée dut apprendre avec plaisir que le tribun désigné, C. Lucilius Hirrus[10], préparait un projet de loi pour lui faire donner la dictature[11]. Cependant on ne peut affirmer qu'il ait encouragé le tribun : nous avons vu qu'il avait, quelque temps aupara-

[1]) Cic., *ad Q. fr.*, 3, 2, 3. Cf. *Att.*, 4, 17, 2.

[2]) Cic., *ad Q. fr.*, 3, 1, 5, 17. 3, 1, 7, 25. 3, 8, 3.

[3]) Vell., 2, 47. Senec., *cons. ad Marc.*, 14, 3. Val. Max., 4, 6, 4. Suet., *Cæs.*, 26. Flor., 4, 2, 13. Plut., *Pomp.*, 53. *Cæs.*, 23. App., *b. c.*, 2, 19. Zon., 10, 6.

[4]) Pour consacrer un emplacement spécial à la sépulture d'un personnage remarquable, il fallait à la fois l'avis du sénat et du peuple; on devait consulter le peuple, parce qu'il fallait disposer d'une parcelle de l'ager publicus (Cf. Dio C., 39, 64). [N. D. T.]

[5]) Dio C., 39, 64. Plut., *Cæs.*, 23. *Pomp.*, 53. Liv., *ep.*, 106.

[6]) Plut., *Pomp.*, 53.

[7]) Cæs., *B. G.*, 5, 1-23. Dio C., 40, 1-4. Plut., *Cæs.*, 23. Liv., *ep.*, 105. Oros., 6, 9. Cic., *Att.*, 4, 16, 13. 4, 15, 10. 4, 17, 3. *ad Q. fr.*, 2, 16, 4. 3, 1, 3, 10. 3, 1, 4, 13. 3, 1, 7, 25. 3, 3, 1. *Fam.*, 7, 6. 7, 7. 7, 10.

[8]) Cic., *ad Q. fr.*, 3, 8, 3.

[9]) Cic., *ad Q. fr.*, 3, 2, 3. 3, 8, 4. 3, 9, 3.

[10]) Cf. Cic., *Att.*, 4, 16, 5. *Fam.*, 8, 8, 5 : dans ce dernier passage Cicéron l'appelle Luccejus.

[11]) Cic., *ad Q. fr.*, 3, 8, 4. 6. 3, 9, 3. Cf. *Att.*; 4, 18, 3. 4, 16, 11. *ad Q. fr.*, 3, 4, 1. 3, 7, 2.

vant, dissuadé le tribun P. Licinius Crassus Julianus de faire une proposition semblable [1].

Pendant les derniers mois de 54, la question des élections, d'une part, de l'autre les accusations dirigées contre A. Gabinius occupèrent vivement l'opinion publique; plusieurs autres procès, entre autres celui qui aboutit à la condamnation de M. Fulvius Nobilior, un ancien partisan de Catilina [2], passèrent inaperçus [3].

Non content d'avoir amassé une fortune considérable dans sa province de Syrie [4], A. Gabinius avait mis le comble aux illégalités de son administration provinciale en acceptant, sur l'invitation de Pompée [5], de replacer Ptolémée Aulète sur le trône d'Égypte [6] moyennant 10,000 talents [7]. Gabinius en agissant ainsi avait formellement désobéi aux ordres donnés par le sénat. Grâce aux talents militaires de son préfet de la cavalerie, M. Antonius [8], fils de M. Antonius Créticus, si célèbre plus tard, il avait complètement réussi [9] : le favori de Pompée et de César, Ptolémée Aulète, régnait de nouveau à Alexandrie, protégé par une garnison romaine [10]. A Rome, on avait déjà parlé de cette affaire dans le sénat en 55; la nouvelle du rétablissement de Ptolémée était arrivée en Italie au mois d'avril [11]; à la fin de l'été, au moment où Cicéron prononçait son discours contre Pison, la nouvelle était confirmée, bien que Gabinius se fût gardé d'envoyer au sénat un rapport officiel [12]. En faisant passer des troupes en Égypte, Gabinius avait dégarni la pro-

1) Cic., *ad Q. fr.*, 3, 8, 4.
2) Voir plus haut, tome II, page 254.
3) Cic., *Att.*, 4, 16, 11. Cf. *ad Q. fr.*, 3, 3, 1.
4) Voir plus haut, tome II, page 331.
5) Dio C., 39, 55 et seq.
6) Voir plus haut, tome II, page 352 et seq.
7) Cic., *Rab. post.*, 8, 21. 11, 30. Schol. Bob., p. 271. 356. Plut., *Ant.*, 3.
8) Cf. Plut., *Ant.*, 3. App., *b. c.*, 5, 8. Cic., *Phil.*, 2, 19, 48. Dio C., 45, 26. Jos., *Ant. Jud.*, 14, 5, 2. 14, 6, 1. *b. Jud.*, 1, 8, 3. 4. 6. 1, 12, 5.
9) Dio C., 39, 57. App., *Syr.*, 51. Jos., *Ant. Jud.*, 14, 6, 2. *b. Jud.*, 1, 8, 7. Val. Max., 9, 1, ext. 6. Cæs., *b. Alex.*, 3.
10) Dio C., 39, 58. 42, 38. Liv., *ep.*, 105. Cf. Cæs., *b. c.*, 3, 103. Val. Max., 4, 1, 15.
11) Cic., *Att.*, 4, 10, 1.
12) Dio C., 39, 59. Cic., *Pis.*, 21, 48 et seq.

vince, et n'avait plus pu la protéger contre les pirates[1]; les habitants de la province, surtout les fermiers qui ne pouvaient plus lever l'impôt, se plaignirent du gouverneur; le sénat examina ces plaintes à la fin de l'automne de 55; Cicéron, à ce propos, attaqua avec violence[2] non seulement Gabinius, mais aussi son défenseur Crassus, avec lequel il venait cependant de se réconcilier[3]. Grâce à l'intervention de Pompée et de César[4], l'affaire n'eut pas de suites : sur la demande de ces deux mêmes personnages, Cicéron consentit même à se réconcilier de nouveau avec Crassus, avant que ce dernier partît pour l'Orient[5]. L'affaire ne revint au sénat que le 13 février 54. Les Syriens vinrent se plaindre des publicains; les publicains, ayant à leur tête L. Ælius Lamia, qui avait été expulsé de Rome par Gabinius[6], déposèrent de nombreuses plaintes contre ce dernier[7]. Le sénat ne prit pas de résolution; mais on craignait que les tribuns ne portassent l'affaire devant le peuple; le consul Appius Claudius, favorable à Gabinius, rappela les dispositions des lois *Pupia* et *Gabinia* : en vertu de la loi Pupia, le sénat pouvait se réunir même les jours de comices, après ces derniers[8], pendant le mois de février; or il n'y avait pas de comices annoncés pour le mois de février; la loi Gabinia portait que le même mois de février devait être consacré surtout aux séances du sénat[9]; Appius Claudius décida donc que, pendant ce mois, les séances du sénat passeraient avant les assemblées du peuple : de cette manière les tribuns ne pourraient mettre leur projet à exécution, du moins immédiatement[10]. Le peuple d'ailleurs témoigna beaucoup d'indifférence et ne prit aucune résolution. On apprit ensuite que Gabinius avait refusé de remettre l'administration de la

1) Dio C., 39, 56.
2) Dio C., 39, 59 et seq. Cic., *Fam.*, 1, 9, 20.
3) Cic., *ad Q. fr.*, 2, 9, 2.
4) Dio C., 39, 60.
5) Cic., *Fam.*, 1, 9, 20. Voir plus haut, page 376.
6) Voir plus haut, page 332.
7) Cic., *ad Q. fr.*, 2, 13, 2.
8) Voir plus haut, page 209.
9) Voir plus haut, p. 222.
10) Cic., *ad Q. fr.*, 2, 13, 3. Cf. Dio C., 39, 60.

province à un lieutenant que Crassus avait envoyé en avant; le sénat s'occupa de nouveau de Gabinius. Crassus eut contre lui beaucoup de sénateurs, et même les consuls; mais Cicéron prit sa défense [1]; c'est à ce moment qu'il dut prononcer son discours contre Gabinius dont parlent les anciens et qui est aujourd'hui perdu [2]. On décida, probablement sur la demande de Cicéron [3], que l'on consulterait les livres sibyllins dont s'était moqué autrefois Gabinius; on les consulterait pour savoir quelle peine on devrait infliger au criminel gouverneur [4]. Les livres d'oracles ne traitaient nullement des peines; on n'en décida pas moins que la conduite de Gabinius serait soumise à une enquête très sévère [5].

Sur les entrefaites, A. Gabinius s'était décidé à quitter sa province; il arriva aux portes de Rome le 19 septembre [6]; il renonça bien vite à son projet de demander le triomphe [7], et entra dans la ville le 27 [8]. Dix jours après, il dut, en vertu de la loi Julia, faire un rapport au sénat sur son administration : il fut violemment attaqué par Cicéron, et même par Appius Claudius [9]. Cicéron avait annoncé à plusieurs reprises son intention de poursuivre A. Gabinius en justice [10]; il y renonça sur les instances de Pompée, qui eût désiré davantage et décider Cicéron à se faire l'avocat de Gabinius [11]. D'autres se présentèrent : Gabinius eut à répondre à une accusation de lèse-majesté (*majestas*), et à soutenir un procès en restitution (*repetundæ*). On reprocha à Gabinius d'avoir abandonné sa province pour aller faire la guerre en Égypte : c'était un crime de lèse-majesté, prévu par la loi Cornélia [12]; le président du

[1]) Cic., *Fam.*, 1, 9, 20. 5, 8.
[2]) Quint., 11, 1, 73. Treb. Poll., *Trig. tyr. Æmil.*, 22, 11. Serv., *ad Verg. Georg.*, 1, 120. Cf. Dio C., 39, 62.
[3]) Dio C., 39, 57.
[4]) Dio C., 39, 60.
[5]) Dio C., 39, 61.
[6]) Cic., *ad Q. fr.*, 3, 1, 5, 15. Cf. Ascon., p. 1.
[7]) Cic., *ad Q. fr.*, 3, 2, 2.
[8]) Cic., *ad Q. fr.*, 3, 1, 7, 24.
[9]) Cic., *ad Q. fr.*, 3, 2, 2 et seq.
[10]) Cic., *P. red. ad Quir.*, 9, 21.
[11]) Cic., *ad Q. fr.*, 3, 1, 5, 15. 3, 2, 2. 3, 4, 2. 3, 5, 5. *Att.*, 4, 16, 9.
[12]) Cf. Cic., *Pis.*, 21, 50.

tribunal des restitutions (*quæstio repetundarum*), M. Cato, se trouvant malade[1], le procès de majesté fut appelé le premier. Le principal accusateur fut L. Cornélius Lentulus, le fils de l'ancien flamine de Mars[2]; Gabinius fut cité à comparaître à la fin de septembre devant le préteur Alfius Flavus; à l'audience, le peuple témoigna hautement sa colère à l'égard de l'accusé[3]. Afin de préparer le procès de concussion, un tribun dévoué au parti sénatorial[4], C. Memmius[5], réunit une assemblée le 10 octobre; il attaqua Gabinius avec tant de violence que M. Calidius ne put réussir à prendre la parole pour le défendre[6]; un autre tribun, partisan de Pompée[7], D. Lælius, mit fin au débat[8]. Un des jours suivants, le accusateurs de Gabinius se présentèrent devant Caton, pour désigner celui d'entre eux qui serait l'accusateur principal dans le procès de concussion (*divinatio*) : C. Memmius fut désigné[9]. Gabinius eut encore à se défendre contre deux procès de brigue (*ambitus*). Les accusateurs comptaient que Gabinius serait au moins condamné une fois par les tribunaux de majesté et de concussion; il y eut encore une réunion des différents accusateurs (*divinatio*) convoquée pour désigner le principal accusateur pour les procès de brigue : ce fut P. Cornélius Sulla, qui avait été lui-même condamné pour brigue en 65, et espérait se réhabiliter en accusant Gabinius; il était soutenu par le tribun C. Memmius, son beau-fils, par son fils et par son frère utérin, L. Cæcilius Rufus[10]. Quelques jours plus tard[11], avant le 24 octobre[12], fut rendu le jugement du procès de majesté. L'accusateur avait mal présenté les faits, peut-être l'avait-il fait à dessein; le tribunal

[1]) Cic., *ad Q. fr.*, 3, 1, 5, 15. *Att.*, 4, 16, 7.
[2]) Cic., *ad Q. fr.*, 3, 1, 5, 15. 3, 4, 1. *Att.*, 4, 16, 9. Cf. 2, 24, 2.
[3]) Cic., *ad Q. fr.*, 3, 1, 7, 24.
[4]) Cic., *Rab. post.*, 3, 7.
[5]) Cf. Cic., *ad Q. fr.*, 3, 1, 5, 15.
[6]) Cic., *ad Q. fr.*, 3, 2, 1.
[7]) Cæs., *b. c.*, 3, 5.
[8]) Val. Max., 8, 1, 3.
[9]) Cic., *ad Q. fr.*, 3, 2, 1.
[10]) Cic., *ad Q. fr.*, 3, 3, 2. *Att.*, 4, 16, 11. Voir plus haut, pp. 245 et 258.
[11]) Cic., *ad Q. fr.*, 3, 3, 3.
[12]) Cic., *ad Q. fr.*, 3, 4, 6. *Att.*, 4, 17, 3.

était composé en grande partie de personnages douteux; Pompée, alors absent, avait usé de toute son influence pour obtenir l'acquittement[1]. Aussi, malgré la sévérité du préteur qui présidait le tribunal[2], malgré une déposition accablante de Cicéron[3], Gabinius fut acquitté par trente-six voix contre trente-deux. Cn. Domitius Calvinus, candidat au consulat, avait ostensiblement montré sa tablette sur laquelle il avait inscrit un vote d'acquittement, afin de s'assurer les faveurs de Pompée[4]. Le peuple manifesta bruyamment[5] contre une sentence qui pouvait être considérée comme une garantie d'impunité pour tous ceux qui violaient la loi[6]. Elle était motivée sur ce fait que Gabinius avait été investi par la loi Clodia[7] d'un pouvoir qui le mettait au-dessus de la loi Cornélia de majestate, et sur cet autre fait que l'on n'avait trouvé aucune formule de pénalités dans les livres sibyllins contre celui qui avait rétabli Ptolémée au moyen d'une armée[8]. Le même jour, on condamna, en vertu de la loi Papia, un secrétaire de Gabinius qui avait usurpé le titre de citoyen[9].

Le procès de concussion ne put être jugé qu'en décembre; les accusateurs durent demander au moins un délai de trente jours pour rassembler les preuves. Le 19 novembre, on ne se doutait pas encore que Cicéron pourrait être le défenseur de Gabinius[10]. Malgré ses déclarations énergiques, renouvelées le 24 octobre, par lesquelles il affirmait qu'il considérerait comme une faute de défendre Gabinius[11], il finit par se rendre aux vœux de Pompée et de César, se réconcilia avec Gabinius, et le défendit, comme il l'avoue lui-même, avec la plus grande

¹) Cic., *ad Q. fr.*, 3, 2, 1. 3, 3, 3. 3, 4, 1. *Att.*, 4, 16, 9. 11. Dio C., 39, 55. 62.
²) Cic., *ad Q. fr.*, 3, 3, 3.
³) Cic., *ad Q. fr.*, 3, 4, 3. 3, 9, 1. Cf. Dio C., 39, 62.
⁴) Cic., *ad Q. fr.*, 3, 4, 1. 3, 7, 1. *Att.*, 4, 16, 9. 4, 17, 1.
⁵) Dio C., 39, 63.
⁶) Cic., *ad Q. fr.*, 3, 9, 3.
⁷) Cf. Cic., *Rab. post.*, 8, 20.
⁸) Dio C., 39, 62.
⁹) Cic., *Att.*, 4, 16, 12.
¹⁰) Cic., *ad Q. fr.*, 3, 8, 5. Cf. 3, 9, 1.
¹¹) Cic., *ad Q. fr.*, 3, 4, 3. Cf. 3, 5, 4. 3, 9, 1.

ardeur [1]. La défense de Gabinius est la tache la plus honteuse de la carrière politique de Cicéron; notons qu'à ce moment même où il déshonorait sa mémoire par une lâcheté, il écrivait son livre *de la République,* dans lequel il traçait le tableau idéal de ce que doivent être un bon État et un bon citoyen [2]. On ne peut l'excuser, mais on peut expliquer sa conduite par des raisons psychologiques et par ses sentiments pessimistes sur la situation actuelle de la république [3] : c'était pour se consoler qu'il s'amusait à tracer le tableau de l'état idéal; c'était pour assurer sa tranquillité personnelle qu'il se faisait le lieutenant de Pompée [4]. Malgré l'éloquence de Cicéron (son discours ne fut pas publié [5]), malgré les efforts de Pompée, qui réunit une assemblée en dehors de la ville pour y lire des lettres de César [6], malgré sa déposition favorable devant le tribunal [7], Gabinius fut jugé coupable : il n'avait pas employé tous ses moyens de défense, son premier acquittement lui ayant donné une grande confiance. Les juges lui appliquèrent la loi Julia de repetundis : elle atteignait à la fois ceux qui se livraient à des exactions dans leur gouvernement, et ceux qui abandonnaient leur province pour faire une guerre non autorisée [8]. On condamna Gabinius à payer 10,000 talents [9] ; il ne put les trouver [10], et s'exila.

Un autre procès du même genre fut plaidé à la même époque : C. Rabirius Postumus fut accusé de concussion; il était fils de C. Curtius, C. Rabirius l'avait adopté par testament [11]. Son accusateur fut encore C. Memmius [12]; il ne lui

1) Cic., *Rab. post.*, 8, 19. 12, 32. Val. Max., 4, 2, 4. Dio C., 39, 63. 46, 8.
2) Cic., *ad Q. fr.*, 3, 5, 1. 2, 14, 1. *Att.*, 4, 16, 2. Cf. 6, 1, 8.
3) Cic., *ad Q. fr.*, 3, 5, 4. *Att.*, 4, 16, 10.
4) Cic., *Att.*, 4, 18, 3. Cf. *Fam.*, 7, 17, 2. *ad Q. fr.*, 3, 1, 5, 18.
5) Cic., *Fr.*, p. 967 Halm.
6) Dio C., 39, 55. 63.
7) Cic., *Rab. post.*, 12, 34.
8) Cic., *Pis.*, 21, 50. Cf. *Rab. post.*, 8, 20.
9) Cic., *Rab. post.*, 11, 30. Schol. Bob., p. 356.
10) Cic., *Rab. post.*, 4, 8. 13, 37. App. *b. c.*, 2, 24. Cf. Dio C., 46, 8.
11) Cic., *Rab. post.*, 2, 3. 17, 45.
12) Cic., *Rab. post.*, 3, 7. 12, 32.

fit pas un procès de majesté [1], il rappela le fait que Rabirius avait été le principal créancier de Ptolémée Aulète, et qu'il avait dû être désintéressé avec l'argent provenant des exactions de Gabinius [2]; par conséquent, en vertu de la loi Julia de repetundis, il devait être déclaré co-débiteur de la somme à laquelle avait été condamné Gabinius [3]. Cicéron défendit C. Rabirius Postumus; nous avons son discours. Il contesta d'abord le point de droit sur lequel s'appuyait l'accusation [4]; puis il déclara que tous ceux qui avaient prêté de l'argent à Ptolémée Aulète, sur la garantie de C. Rabirius, seraient remboursés par César [5]. Le tribunal qui jugea Rabirius était le même qui avait condamné Gabinius [6]; il paraît que Rabirius fut acquitté.

Les deux derniers mois de 54 virent encore d'autres scandales : les consuls et les préteurs affectèrent de violer de parti pris et de déshonorer les institutions républicaines.

Un ancien préteur du consulat de Cicéron, C. Pomptinus, qui avait combattu les Allobroges, avait demandé le triomphe dès l'année du consulat de César; jusqu'alors les amis de César [7] avaient réussi à faire refuser le triomphe [8]. A ce moment, le préteur Ser. Sulpicius Galba, qui appartenait au parti de César, mais avait été lieutenant de C. Pomptinus [9], proposa la loi *de Triumpho*, que ce dernier réclamait depuis si longtemps. Il prévoyait que les tribuns opposeraient leur intercession; il fit voter la loi avant le jour [10], ce qui était illégal. On aurait pu abroger la loi; les préteurs M. Cato et P. Servilius Vatia Isauricus, soutenus par le tribun Q. Mucius Scévola, préférèrent empêcher par la force la cérémonie du triomphe fixée au 3 novembre; le consul Appius Claudius,

[1]) Suet., *Claud.*, 16.
[2]) Cic., *Rab. post.*, 13, 38.
[3]) Cic., *Rab. post.*, 4, 8.
[4]) Cic., *Rab. post.*, 4, 8 et seq.
[5]) Cic., *Rab. post.*, 15, 41. Cf. Plut., *Cæs.*, 48.
[6]) Cic., *Rab. post.*, 5, 10. 13, 36.
[7]) Schol. Bob., p. 322.
[8]) Cic., *Prov. cons.*, 13, 32. *Pis.*, 24, 58.
[9]) Dio C., 37, 48.
[10]) Dio C., 39, 65.

les autres préteurs et quelques tribuns prirent parti pour C. Pomptinus[1]; il y eut des combats dans les rues et sur les places publiques : on ne trouva pas la chose extraordinaire, on commençait à s'y habituer[2].

En sortant du consulat, Appius Claudius devait prendre possession du gouvernement de la Cilicie; quand on connut le honteux traité qu'il avait conclu avec les candidats au consulat, on refusa de rendre en sa faveur la loi curiate *de imperio*; le sénat ne voulut pas lui remettre l'administration de la province (*ornatio provinciæ*). Appius alla quand même en Cilicie; il fit lui-même les frais de son installation, et se passa de la loi curiate qui n'était plus qu'une formalité, en interprétant à son profit la loi Cornélia de provinciis[3].

On n'avait pas nommé de consuls; il y eut, au commencement de 53, un interrègne qui se prolongea jusqu'en juillet[4]. Les tribuns qui avaient empêché les élections eurent la satisfaction d'être les seuls magistrats de la république. Ils s'occupèrent surtout des jeux, la grande préoccupation des citoyens à cette époque; ils présidèrent les grands jeux, les jeux florales et les jeux apollinaires[5]. Pompée était absent sous prétexte de veiller à l'approvisionnement de Rome; il laissait grandir l'anarchie, espérant que l'on en arriverait à reconnaître la nécessité d'une nouvelle constitution, et qu'on se tournerait vers lui, l'homme modéré par excellence, pour appliquer le remède de la monarchie à l'État malade[6]. Les tribuns étaient divisés; les uns voulaient que l'on nommât des tribuns militaires à pouvoir consulaire; ils espéraient sans doute que la liberté serait mieux garantie par des magistrats plus nombreux que par les deux consuls : depuis le consulat de César, ces derniers avaient été, en effet, ou des incapables, ou des ennemis de la liberté. Les autres penchaient pour la

[1]) Cic., *ad Q. fr.*, 3, 4, 6. *Att.*, 4, 16, 12.
[2]) Dio C., 39, 65.
[3]) Cic., *Fam.*, 1, 9, 25. *ad Q. fr.*, 3, 2, 3. *Att.*, 4, 16, 12.
[4]) Dio C., 40, 17. 45. App., *b. c.*, 2, 19. Cic., *Fam.*, 7, 11, 1.
[5]) Dio C., 40, 45.
[6]) Plut., *Pomp.*, 54. *Cat. min.*, 45. *Cæs.*, 28. *Brut.*, 29. App., *b. c.*, 2, 19 et seq.

nomination d'un dictateur : il était tout indiqué, c'était Pompée[1], dont il avait déjà été question l'année précédente. Naturellement les tribuns opposèrent l'intercession à leurs propositions réciproques; il y eut des violences; on fit sur ces entrefaites les élections de tribuns pour l'année 52 : le peuple nomma Q. Pompeius Rufus, descendant du consul de 88 et de Sylla[2] et partisan de Pompée. Il soutint les tribuns C. Lucilius Hirrus et M. Cælius Vinicianus qui proposaient l'établissement d'une dictature[3]; les tribuns du parti contraire firent emprisonner Rufus[4]. Pompée revint enfin à Rome; le sénat lui offrit les pouvoirs dictatoriaux pour sauver l'État; mais depuis Sylla le titre de dictateur était devenu très impopulaire; d'ailleurs Caton, qui avait refusé le gouvernement d'une province pour combattre Pompée, avait provoqué une énergique opposition[5] : Pompée refusa la dictature; il fit nommer un interroi, et se chargea de protéger les comices; on put enfin élire des consuls; ce furent Cn. Domitius Calvinus et M. Valérius Messala[6].

Pendant les cinq mois que dura leur magistrature, les consuls ne purent s'occuper que des élections de préteurs, d'édiles et de questeurs pour l'année courante, et des élections pour l'année suivante. Celles de préteurs pour 53 furent calmes; P. Clodius ne voulut pas se mettre sur les rangs, parce que les pouvoirs ne dureraient pas assez longtemps[7]. Parmi les élus, nous trouvons L. Æmilius Paulus[8]; en 63, il avait été un des accusateurs de Catilina[9]; en 59, il avait exercé les fonctions de questeur en Macédoine[10]; il était alors du parti des Optimates, il fut dénoncé comme tel par L. Vet-

1) Dio C., 40, 45.
2) Dio C., 40, 45. Ascon., p. 34. Voir plus haut, p. 138.
3) Cic., *Fam.*, 8, 4, 3. *ad Q. fr.*, 3, 8, 4. 3, 9, 3. Plut., *Pomp.*, 54. Cf. Quint., 9, 3, 95.
4) Dio C., 40, 45.
5) Plut., *Pomp.*, 54. *Cat. min.*, 45.
6) Dio C., 40, 45. Plut., *Pomp.*, 54.
7) Cic., *Mil.*, 9, 24. Cf. *ad Q. fr.*, 2, 15 B, 2.
8) Cic., *Mil.*, 9, 24.
9) Voir plus haut, p. 271.
10) Cic., *Vat.*, 10, 25.

tius[1]; nous le retrouvons, en 56, dans le procès de Sestius, où il intervient comme témoin[2]; en ce moment, il s'occupait de faire construire sur le forum la basilique Æmilia[3]; il songeait déjà à élever avec l'argent de César une autre basilique qui devait porter le nom de César (*basilica Julia*)[4]. Les élections d'édiles donnèrent lieu à des désordres. Caton fit annuler la première élection parce que les suffrages de la première tribu avaient été falsifiés au préjudice de M. Favonius. Au second vote, M. Favonius fut élu, et, avec lui le jeune C. Scribonius Curio[5], qui avait dénoncé autrefois Vettius[6]; son père était mort depuis peu[7], et lui-même revenait de la province d'Asie, où il avait rempli les fonctions de questeur[8].

L'anarchie fut complète quand il fallut procéder aux élections consulaires pour l'année 52. Il y eut trois candidats[9]. P. Plautius Hypsæus, soutenu par Pompée[10], dont il avait été questeur pendant la guerre contre Mithridate[11]; Q. Cæcilius Métellus Scipion[12], et T. Annius Milo, le tribun de 57; Milo avait été ensuite préteur en 55; son mariage avec Fausta, la fille de Sylla[13] répudiée par C. Memmius, avait augmenté son influence dans le parti des Optimates. Les deux premiers pouvaient compter sur la protection de Pompée; mais Milo n'avait pas réussi à gagner les faveurs de ce puissant personnage[14]. Milo fut soutenu par Cicéron qui déploya une grande

1) Cic., *Att.*, 2, 24, 2.
2) Cic., *ad Q. fr.*, 2, 4, 1.
3) Cic., *Att.*, 4, 16, 14. Plut., *Cæs.*, 29. App., *b. c.*, 2, 26.
4) Cic., *Att.*, 4, 16, 14.
5) Plut., *Cat. min.*, 46.
6) Voir plus haut, p. 324.
7) Cic., *Fam.*, 2, 2. 1
8) Cic., *Fam.*, 2, 6, 1.
9) Ascon., p. 31. Schol. Bob., p. 341.
10) Cic., *Att.*, 3, 8, 3. *Fam.*, 1, 1, 3.
11) Ascon., p. 36. Cic., *Flacc.*, 9, 20.
12) Il avait été adopté par Q. Metellus Pius. Nous ne savons rien sur sa carrière politique, sinon qu'en 60 Cicéron le défendit dans un procès de brigue contre M. Favonius (Cic., *Att.*, 2, 1, 9); il était pontife (Cic., *har. resp.*, 6, 12), et avait obtenu le triomphe, probablement au sortir de la préture (Varr., *r. r.*, 3, 2, 16).
13) Ascon., p. 33. 29. Cic., *Att.*, 4, 13, 1.
14) Cic., *ad Q. fr.*, 3, 2, 2. 3, 8, 6. Cf. *Att.*, 4, 13, 1.

activité, mais ne put cependant pas assurer la protection de César à son ami [1]. Cicéron réussit mieux auprès des deux édiles, C. Scribonius Curio et M. Favonius [2], qui se remuèrent beaucoup en faveur de Milo. La lutte fut d'autant plus vive que P. Clodius fut cette fois candidat à la préture, et unit ses efforts à ceux d'Hypsæus et de Scipion pour combattre l'ami de Cicéron [3]. Clodius essaya d'entraîner les dernières classes de la plèbe, en promettant des lois démocratiques, en particulier une loi *de libertinorum suffragiis* [4]. Milo, qui avait pour lui les riches, les classes populaires qui se rapprochaient des optimates par leur fortune [5], donna des jeux [6] qui dévorèrent trois héritages; il dut même emprunter et s'endetter [7].

Quand il fut question au sénat des provinces qui serait attribuées aux nouveaux magistrats, il fut décidé que les consuls et les préteurs prendraient le gouvernement d'une province cinq ans seulement après leur sortie de charge [8]. En effet, on sollicitait surtout les hautes magistratures en vue des profits que rapportait l'administration provinciale; on espérait rendre les compétitions moins nombreuses et moins ardentes, en reculant de cinq ans le moment où les candidats pourraient rentrer dans leurs frais au dépens des provinces. Pour donner au sénatus-consulte force de loi, il fallait le faire approuver du peuple; il était aussi difficile d'obtenir l'assentiment du peuple sur ce point que de faire procéder aux élections.

Les candidats employèrent la corruption et la violence [9]. Il y eut sur la voie Sacrée un combat dans lequel Cicéron courut un sérieux danger [10]. Une autre fois Clodius fut attaqué par

[1]) Cic., *Fam.*, 7, 5, 3.
[2]) Cic., *Fam.*, 2, 6, 3.
[3]) Cic., *Mil.*, 9, 24. Ascon., p. 31. Schol. Bob., p. 341. 346.
[4]) Cic., *Mil.*, 12, 33. 32, 87. 33, 89. Ascon., p. 52. Schol. Bob., p. 346.
[5]) Cic., *ad Q. fr.*, 3, 1, 4, 13.
[6]) Milo dut invoquer des obligations testamentaires pour ne pas violer la loi *Tullia de ambitu* (plus haut, p. 268).
[7]) Cic., *ad Q. fr.*, 3, 8, 6. *Mil.*, 35, 95. Ascon., p. 32. 53.
[8]) Dio C., 40, 46. Cf. 40, 30.
[9]) Ascon., p. 31. Dio C., 40, 46. Plut., *Cæs.*, 28.
[10]) Cic., *Mil.*, 14, 37. Ascon., p. 48.

ANGERS, IMP. A. BURDIN ET Cie, RUE GARNIER, 4.

www.ingramcontent.com/pod-product-compliance
Ingram Content Group UK Ltd.
Pitfield, Milton Keynes, MK11 3LW, UK
UKHW020408230726
13925UKWH00003B/1304

9 782014 431193